FRANZISKA RING

Ernährungsratgeber Rosacea

Gesund essen gegen Rötungen, Pusteln und brennende Haut

3., aktualisierte Auflage

66 erprobte Rezepte

humboldt

VORWORT

Liebe Leserin, lieber Leser,

vielleicht haben Sie gerade die Diagnose „Rosacea“ erhalten oder stehen am Anfang Ihrer Reise mit der chronisch-entzündlichen Gesichtserkrankung und fühlen sich hilflos und alleingelassen. Oft nur mit spärlichen Informationen vom Dermatologen ausgestattet, sehen Sie sich mit einer Krankheit konfrontiert, die Sie Ihr Leben lang begleiten wird. Kein Wunder, dass sich bald schon ein Berg von Fragen angesammelt hat: Was kann ich tun, um die unangenehmen Rötungen, Pusteln und Hitzegefühle zu mindern? Wie kann ich eine Verschlechterung der Rosacea aufhalten?

Eine Frage, die immer wieder auftaucht, werde ich Ihnen in diesem Buch beantworten: Wie lässt sich die Rosacea mit der richtigen Ernährungsweise positiv beeinflussen?

So mancher ahnt, dass der Darm als „Sitz der Gesundheit“ eine Rolle spielen könnte. Doch die Unsicherheit darüber, wie groß seine Rolle ist und wie eine rosaceafreundliche Ernährung in der Praxis aussehen könnte, führt dazu, dass es oft bei theoretischen Überlegungen bleibt. Hinzu kommt, dass das eigene Essverhalten bequemlichkeitsbedingt nur ungern geändert wird – Essen ist immer auch ein persönliches, emotionales Thema.

Ein weiterer Grund, der die Suche nach Antworten zur richtigen Ernährungsweise bei Rosacea erschwert, ist die Masse an Büchern, Selbsterfahrungsberichten, Gesundheitswebseiten und Blogs, die Betroffene eher ratlos zurücklassen. Wertvolle Tipps von wertlosen zu unterscheiden, ist für Laien nicht so einfach. Je nachdem, auf welcher Webseite man schaut und welche Schwerpunkte hier im Fokus stehen, scheinen die Ratschläge voneinander abzu-

weichen und sich in manchen Fällen sogar zu widersprechen. So preist beispielsweise ein Blog die basische Ernährung als Allheilmittel an – obwohl diese einige Fallstricke für Menschen mit Rosacea bereithält –, oder ein Onlinemagazin veröffentlicht die eher kontraproduktiven Tipps eines Betroffenen.

Häufig werden auch allgemeingültige Gesundheitsratschläge unpassenderweise auf die Rosacea übertragen. Ein Klassiker ist Zitronensaft: Morgens auf leeren Magen getrunken, soll er antientzündlich, reinigend und positiv auf die Rosacea wirken. Während sich die normale Haut hierüber freuen mag, wird es bei Menschen mit Rosacea zu einer mehr oder weniger starken Verschlechterung der Symptome kommen, da Zitrusfrüchte bekannte Trigger sind.

Wie sieht die richtige Ernährung bei Rosacea nun aus? Sie ahnen es: Die Thematik ist sehr komplex und das eine Wundermittel gibt es leider nicht, auch wenn man bei der Recherche im Internet diesen Eindruck gewinnen mag. Notwendig ist vielmehr eine umfassende Beschäftigung mit den wissenschaftlichen Grundlagen der chronisch-entzündlichen Hautkrankheit. Ich habe für dieses Buch zahlreiche Studien ausgewertet und mit meinen eigenen Erfahrungswerten sowie denen anderer Betroffener ins Verhältnis gesetzt. Herausgekommen ist ein verlässlicher Leitfaden für die richtige Ernährung bei Rosacea, nach dem ich mich schon einige Jahre ernähre. Dabei habe ich im wahrsten Sinne des Wortes am eigenen Leib erleben dürfen, wie stark sich meine Symptome verbesserten – so stark, dass ich manchmal jetzt noch darüber erstaunt bin.

Oft streichen Betroffene aus Sorge vor weiteren Schüben sehr viele Lebensmittel aus ihrer Ernährung und scheuen verständlicherweise davor zurück, sich noch weiter einzuschränken. Dieser Verzicht wird in vielen Fällen recht wahllos vorgenommen. Auf diese Weise bleibt der Erfolg natürlich häufig aus und die Frustration wächst. Sie werden sehen: Im Rahmen der rosaceafreundlichen Ernährung gibt es zahlreiche Lebensmittel, die Sie problemlos essen können und die sogar die Symptome lindern helfen. Man muss nur wissen, welche genau das sind!

Das erwartet Sie in diesem Buch

Im ersten Teil erläutere ich Ihnen vor allem die wissenschaftlichen Hintergründe einer rosaceafreundlichen Ernährung. Im zweiten Teil finden Sie zahlreiche Rezepte, die auf die speziellen Bedürfnisse der Rosacea abgestimmt sind. Sie werden erstaunt sein, dass es neben der Standardempfehlung „Heißes und Scharfes meiden" noch viel mehr gibt, was man tun kann, um die empfindliche Haut zu beruhigen. Ich selbst habe die Rezepte in meinem festen Kochrepertoire – nicht nur, weil sie meiner Rosacea guttun, sondern auch, weil sie einfach gut schmecken. Das Ziel dieser Ernährung ist eine beruhigte, gesunde Haut, in der Sie sich wieder wohlfühlen können! Alles, was es dazu braucht, sind zwei Dinge:

- das Wissen um die richtige Ernährung bei Rosacea und
- Ihre Bereitschaft, sich auf die Ratschläge einzulassen und diese praktisch umzusetzen.

Alle Fakten habe ich gründlich für Sie recherchiert, verständlich erklärt und zusammengefasst. Gefragt ist nun nur noch Ihr Engagement! Ich empfehle Ihnen, sich einen Monat lang konsequent nach meinen Empfehlungen zu ernähren, um Ihre Haut effektiv zu beruhigen. Anschließend finden Sie dann nach und nach zu einer Ernährungsweise, die Sie auch langfristig begleiten kann. Wie Sie dabei genau vorgehen, erfahren Sie im Verlauf dieses Buches.

Ich bin mir der Brisanz bewusst, die das Thema Ernährungsumstellung mit sich bringt – vor allem, wenn da noch die Familie ist, die mit Rosacea eigentlich nichts zu tun hat. Aus diesem Grund finden Sie in diesem Buch Rezepte, die der ganzen Familie schmecken sollten, die verhältnismäßig schnell zubereitet sind und die zum größten Teil mit Zutaten auskommen, die leicht zu besorgen oder bereits in Ihrer Küche vorhanden sind.

Wohl wissend, dass Sie mit der Ernährung Ihre Rosacea positiv beeinflussen können, möchte ich Ihnen aus voller Überzeugung und eigener Erfahrung die in diesem Buch vorgestellte Ernährungsweise ans Herz legen. Ich lade Sie dazu ein, sich auf das Experiment „rosaceafreundliche Ernährung" einzulassen. Glauben Sie mir, Sie werden es nicht bereuen!

Ihre

PS: Auf meiner Webseite rosacea-selbsthilfe.de finden Sie neben meinem Blog und Informationen zu meiner angebotenen Hautberatung auch weitere hilfreiche Tipps zur Rosacea sowie Produktempfehlungen aus den Bereichen Pflege und Ernährung.

GRUNDLAGEN DER ERNÄHRUNG BEI ROSACEA

In diesem Kapitel lernen Sie die theoretischen Grundlagen einer rosaceagesunden Ernährungsweise kennen. Sie erfahren, warum manche Lebensmittel eher ungeeignet sind, während andere sich positiv auf Ihr Hautbild auswirken können. Auch, wenn Sie am liebsten direkt mit dem Kochen loslegen würden, kann ich Ihnen nur empfehlen, diesen Teil nicht auszulassen. Das tiefere Verständnis für die zugrunde liegenden Zusammenhänge unterstützt Sie später bei der Umsetzung einer rosaceagesunden Ernährung und motiviert Sie, am Ball zu bleiben.

Selbst aktiv werden lohnt sich

Man schätzt, dass in Deutschland etwa zwölf Prozent aller Menschen an der chronisch-entzündlichen Hauterkrankung Rosacea leiden.[1] Vor allem hellhäutige Menschen sind betroffen. Meist bricht die schubweise verlaufende Krankheit um das 30. bis 40. Lebensjahr aus und sorgt für Rötungen, Jucken, Brennen, Pusteln und in schwereren Fällen auch die bekannte „Knollennase", die durch Wucherungen des Bindegewebes und der Talgdrüsen entsteht. Die Rosacea verläuft bei Männern schwerer als bei Frauen. Sogenannte Trigger – die häufigsten sind UV-Strahlung und Stress –, aber auch die falsche (Haut-)Pflege und Ernährung können diese Symptome auslösen. Unbehandelt kann sich die Rosacea mit der Zeit verschlechtern.

Die Erkrankung wird meist in drei Stadien eingeteilt, die aber nicht zwangsläufig ineinander übergehen, sondern auch getrennt voneinander oder gemeinsam auftreten können:

- Zunächst kommt es zu einem spontanen Erröten der Wangen (Flushs) und Rötungen, die sich länger als gewöhnlich halten. Auch dauerhaft erweiterte Äderchen können auftreten. Nicht selten brennt oder juckt die Haut.
- Im zweiten Stadium treten rund um Nase, Wangen, Stirn und Kinn zudem Pusteln und Knötchen auf.
- Schließlich sind schwere Entzündungen und die „Knollennase" möglich.

Sonderformen betreffen die Erkrankung der Augen oder das Auftreten nach einer längeren Cortison-Therapie (Steroidrosacea).

Die medikamentöse Therapie

Der Dermatologe verschreibt zur äußeren Behandlung meist das Antibiotikum Metronidazol oder das Insektizid Ivermectin (Soolantra®), das antientzündlich wirkt und gegen die Demodexmilben hilft, deren Beteiligung am Krankheitsgeschehen bei Rosacea diskutiert wird. Aber auch Retinoide, also Vitamin-A-Abkömmlinge wie Adapalen oder Azelainsäure, sind weitere Optionen, wenn es um Pusteln geht.

Zur oralen Therapie verschreibt der Hautarzt vor allem in einem schwerer verlaufenden zweiten Stadium Medikamente wie Doxycyclin in nicht-antibiotischer Konzentration. Als letzter Ausweg, also wenn die Rosacea besonders schwer oder therapieresistent ist, gilt Isotretinoin, ein Abkömmling des Vitamins A. Die Isotretinointherapie darf nicht bei Kinderwunsch oder Schwangerschaft erfolgen.[2]

Sicher wäre es sehr viel einfacher, sich eine Creme vom Hautarzt verschreiben zu lassen oder in schwereren Fällen auch eine Behandlung mit Medikamenten durchzuführen, um der Rosacea Einhalt zu gebieten. Und für einige mag diese rein medikamentöse Behandlung auch tatsächlich funktionieren. Meiner Erfahrung nach ist es jedoch unverzichtbar, sein Leben in der einen oder anderen Weise der chronisch-entzündlichen Krankheit anzupassen. Denn wenn Sie weiterhin reizende Pflegeprodukte verwenden und dauerhaft Speisen zu sich nehmen, die die Rosacea triggern, kommen auch Cremes und Tabletten nur bedingt gegen die Symptome an, die wiederkehren, sobald sie abgesetzt werden. Selbstverständlich können Sie meine Ernährungsmethode problemlos mit Medikamenten vom Dermatologen kombinieren. Es kommt auf die richtige Balance an.

> Meine Ernährungsmethode können Sie problemlos mit Medikamenten vom Dermatologen kombinieren. Das empfehle ich Ihnen sogar.

Dem Bauchgefühl vertrauen

Ein großer Vorteil unseres digitalen Zeitalters ist die Menge an frei zugänglichen Informationen, vor allem im Internet. Dies ermöglicht einerseits ein eigenverantwortliches Handeln, andererseits erfordert es, dass man das Gelesene einzuordnen und für sich selbst zu deuten weiß. Wie im Vorwort schon geschrieben, ist dies gerade im Falle von Krankheiten wie auch der Rosacea gar nicht so einfach und beginnt schon damit, dass es sehr viele Möglichkeiten gibt, sich dem Thema „gesunde Ernährung" anzunähern.

Oft ahnen wir ganz intuitiv, welche Nahrungsmittel uns guttun und welche nicht. Doch nicht immer ist darauf Verlass.

Tatsächlich ahnen viele Menschen oft schon intuitiv, welche Nahrungsmittel ihnen guttun und welche nicht. Man hat ein gutes oder ein schlechtes „Bauchgefühl". Ob wir dann auch tatsächlich auf unser Gefühl hören, steht auf einem anderen Blatt. Sicher hat jeder, der an Rosacea leidet, nach dem Verzehr eines scharfen Gerichtes schon einmal bemerkt, dass ihm die Hitze ins Gesicht stieg, es kribbelte und brannte. Auch Symptome wie Rötungen oder Pusteln nach einem heißen Schwarztee mit Zucker sind recht deutliche Anzeichen dafür, dass die Rosacea dieses Getränk weniger schätzt, als der Genießende es tut.

Das erwähnte Bauchgefühl ist sicher wichtig, aber auch darauf ist leider nicht zwangsläufig Verlass. So sind es manchmal eher von außen auferlegte Vorstellungen von „gesund" und „ungesund", die uns unbewusst leiten und im Falle der Rosacea oftmals mehr schaden als helfen. Dies stelle ich immer wieder im Zuge meiner Hautberatungen fest. Wenn ich beispielsweise das Thema Ernährung anspreche, bekomme ich oft die Antwort: „Ich ernähre mich sehr gesund!" Gleichzeitig berichten die Betroffenen von anhaltenden Schüben, unangenehmen Hitzegefühlen oder hartnäckigen Pusteln. Wenn ich dann gezielt nach den Zutaten der verzehrten Mahlzeiten frage, bestätigt sich mein Verdacht in den meisten Fällen.

Gesund ist nicht immer „rosacea-gesund".

Beispielsweise könnte die Aufzählung ein Glas Orangensaft mit einem Spritzer Zitrone beinhalten sowie ein basisches Buchweizenmüsli mit Erdbeeren und Himbeeren, einen grünen Smoothie mit Avocado, Rucola und Ananas, zum Abendessen Kichererbsencurry und verschiedene Nüsse als Snack. Das klingt alles erst einmal sehr gesund. Was die aufgezählten Speisen aber nicht sind, ist „rosaceagesund" – sie dürften bei Menschen mit Rosacea in den meisten Fällen zu einer Verschlechterung des Zustandes führen. Wird die Haut dann zugleich auch noch falsch gepflegt, ist es kein Wunder, wenn sich die Symptome nicht verbessern.

Wer vermeintlich gesund isst und damit keine Besserung seiner Symptome erreicht, entwickelt manchmal eine wahre Angst vor Lebensmitteln. Der damit einhergehende Stress kann die Rosacea dann noch weiter triggern. Mit meiner in diesem Buch vorgestellten Ernährungsweise möchte Ihnen den Genuss an Ihrem Essen zurückgeben – ohne Sorge, dass sich die Rosacea nach ein paar Bissen zu Wort meldet.

Ein radikaler Verzicht ist nicht nötig

Sie haben sich sicherlich schon gefragt, ob Sie bestimmte Lebensmittel, die eine negative Auswirkung auf Ihre Haut haben, nie wieder verzehren dürfen und wie stark Sie eine rosaceafreundliche Ernährung einschränken wird. Keine Angst, Sie werden fast kein Lebensmittel vollständig von Ihrem Speiseplan streichen müssen. Doch wenn Sie triggernde Speisen und Getränke zu oft oder alle an einem Tag zu sich nehmen, dann sollten Sie sich nicht wundern, wenn sich die Haut beschwert. Hinzu kommen mögliche Begleitumstände wie Stress, die sich ungünstig auf die Rosacea auswirken und für sich genommen den Hautzustand vielleicht nur wenig beeinflussen, aber in Verbindung mit bestimmten Nahrungsmitteln einen Schub auslösen können.

Ob und inwieweit Sie auf einzelne Lebensmittel ganz verzichten müssen, werden Sie herausfinden, nachdem Sie die einmonatige Karenzphase hinter sich haben. Denn dann beginnt die Testphase, in der Sie die individuelle Verträglichkeit einzelner potenziell triggernder Lebensmittel auf den Prüfstand stellen. Wie genau Sie dabei vorgehen und wie die einzelnen Phasen der Ernährungsumstellung aussehen, dazu kommen wir später noch.

> Nach einem Monat konsequenter rosaceafreundlicher Ernährung finden Sie in der Testphase heraus, welche Lebensmittel bei Ihnen persönlich triggernd wirken.

Ich habe die Rezepte in diesem Ratgeber so vielfältig und abwechslungsreich wie möglich gestaltet, sodass sich das Gefühl der Einschränkung in Grenzen hält. Natürlich wird es Lebensmittel geben, die Ihrer Rosacea nicht guttun, auf die Sie aber trotzdem nur ungern verzichten möchten. Gerade bei Schokolade hört bei vielen der Spaß auf – mich eingeschlossen. Wer jedoch beginnt, den Zusammenhang zwischen dem Genuss der Lieblingssüßigkeit und dem Auftreten von Symptomen zu sehen, ist eher bereit, sein Ernährungsverhalten zu ändern, und hat auf Schoki und Co nur noch bedingt Appetit.

Ein radikaler, dauerhafter Verzicht – auch auf Schokolade – ist jedoch nicht das Ziel dieses Buches. Jeder braucht ab und zu etwas Süßes und kann nicht nur Gemüse und Reis essen. Deshalb finden Sie in diesem Buch auch Desserts und süße Backwaren, die zwar nicht im Übermaß verzehrt werden sollten, aber bei aufkommenden Gelüsten zumindest eine nicht-triggernde Alternative zu komplett ungeeigneten Süßigkeiten darstellen können. Sie werden sich also auch in Zukunft ein paar süße Leckereien genehmigen können, ohne dass die Rosacea zwangsläufig aufblüht.

Fakt ist: Am Ende der Lektüre haben Sie das Rüstzeug in der Hand, um sich rosaceagerecht zu ernähren, Zusammenhänge zwischen verzehrten Speisen und auftretenden Symptomen zu erkennen und somit Rötungen, Pusteln und Co langfristig abzuschwächen.

Ernährungsumstellung wirkt

Zum Umgang mit der Hautkrankheit gehört es, zuallererst einmal anzuerkennen, dass die Rosacea eine echte Krankheit ist, die die Möglichkeit einer fortschreitenden Verschlechterung mit sich bringt und deren Verlauf Sie durch eine entsprechende Pflege und Ernährung effektiv beeinflussen können. Ich schreibe dies so deutlich, weil ich oft beobachte, dass beispielsweise der Verzicht auf Schweinefleisch bei Rheuma als adäquates Mittel im Umgang mit der Krankheit anerkannt wird, während der Einfluss der Ernährung auf die Rosacea noch nicht wirklich in den Köpfen von Dermatologen sowie Betroffenen angekommen ist.

Wer nicht oder nur sehr wenig unter den Symptomen leidet, ist natürlich weniger motiviert, seine Ernährung auf den Prüfstand zu stellen. Schwerere Symptome wie immer wiederkehrenden Rötungen, die nicht verschwinden wollen, Pusteln und Hitzegefühlen sowie Brennen und Jucken können die Psyche jedoch stark in Mitleidenschaft ziehen und das ganze Leben beeinflussen. Vor dem Hintergrund dieses Leidensdrucks steigt auch die Motivation, die Ernährungsweise entsprechend anzupassen. Die sich dadurch einstellenden Erfolgserlebnisse wirken dann wiederum motivierend.

Rezepte, die wirken

Ich höre oft, dass man bei einer rosaceafreundlichen Ernährung lediglich viele entzündungshemmende Lebensmittel wie Kurkuma zu sich nehmen sollte. Schön wäre es ja, wenn wir nur brav morgens unseren weißen Tee trinken, Kurkuma in unsere Grünkohlsmoothies und Chiasamen in unser Müsli mischen müssten, um die Rosacea in den Griff zu bekommen. Dieses „aktive Tun“, um der Hauterkrankung etwas entgegenzusetzen, fällt vielen leichter, als auf bestimmte Speisen oder Getränke zu verzichten, ist jedoch nur ein kleiner Baustein meiner in diesem Buch vorgestellten Ernäh-

> Vielen fällt es leichter, gesunde Lebensmittel zu sich zu nehmen, als auf ungesunde zu verzichten.

rungsweise. Vielmehr kommt es auf eine Kombination der folgenden Elemente an, die gemeinsam zum Ziel führen:

- Verzicht auf triggernde, z. B. histaminreiche Lebensmittel
- Verzehr von histaminarmen bzw. -senkenden und mastzellenstabilisierenden sowie frisch zubereiteten Speisen
- Verzehr von haut- und rosaceafreundlichen Lebensmitteln
- ein generell entzündungshemmendes, antioxidantienreiches Ernährungskonzept

Zudem gibt es einige Helferlein, die Sie beispielsweise bei einer Histaminempfindlichkeit, die häufig bei Menschen mit Rosacea auftritt, zusätzlich unterstützen können. Dies alles habe ich in den Rezepten berücksichtigt. In ihnen steckt demnach sehr viel mehr, als man auf den ersten Blick erahnen mag: nämlich eine Menge an Recherche und Überlegungen, wie Sie gleich noch selbst feststellen werden. Ach ja: Der Genuss soll dabei natürlich auch nicht zu kurz kommen!

Die drei Phasen der Ernährungsumstellung

Falls Sie sich für eine Ernährungsumstellung entschieden haben, ist dies schon einmal ein erster, wichtiger Schritt, denn ein halbherziger Versuch wird nur dazu führen, dass Ihnen alles zu viel wird – wie bei so ziemlich jeder Diät. Mit dieser Entscheidung sind gewisse Vorbereitungen verbunden. Zutaten müssen eingekauft, Süßigkeiten – je nach eigener Disziplin – eventuell verbannt und gegebenenfalls die Familie über den Plan informiert werden. Ich empfehle Ihnen, einen Wochenplan zu erstellen, in den Sie notieren, was Sie an welchen Tagen frühstücken, zu Mittag essen (und gegebenenfalls für das Büro vorbereiten müssen) und zum Abendessen servieren möchten. Vielleicht können Sie Ihre Familienmitglieder oder Mitbewohner um Unterstützung bitten.

Wie bereits erwähnt, soll Sie mein Buch vor allem zu Beginn Ihrer Ernährungsumstellung begleiten und dazu beitragen, die Rosacea durch das konsequente Nachkochen der Rezepte und Umsetzen der Tipps zu beruhigen. So gewinnen Sie Vertrauen in die Tatsache, dass die Rosaceasymptome durch entsprechende Maßnahmen abgeschwächt werden können. Erfahrungsgemäß dauert dieser Prozess etwa einen Monat.

Während dieser sogenannten **Karenzzeit,** in der Sie optimalerweise auch Ihre Hautpflege auf reizarme Produkte umstellen, kann zudem der Besuch eines Hautarztes durchaus sinnvoll sein, der Ihnen je nach Symptomlage gegebenenfalls eine entsprechende Therapie verordnen wird.

Vor allem in diesem konsequenteren ersten Monat sollten Sie sich genau an die im Rezept aufgelisteten Zutaten halten und diese nicht durch andere ersetzen. Tun Sie dies dennoch, riskieren Sie, dass das Gericht sich von verträglich in unverträglich verwandelt und Hautsymptome auftreten. Dies wollen wir vermeiden, vor allem, weil Sie zu Beginn Ihrer Ernährungsumstellung wahrscheinlich noch nicht wissen, wie stark Sie auf einzelne Lebensmittel reagieren. Ein von Ihnen hinzugefügter halber Teelöffel Zimt, ein Esslöffel Tomatenpaste, eine Prise Pfeffer oder ein paar Scheiben Ingwer können bei entsprechender Empfindlichkeit schon für Rötungen sorgen.

> In der Karenzphase kochen Sie konsequent nach Rezept.

Anschließend geht es in die **Testphase.** Schritt für Schritt können Sie nun potenziell problematische Lebensmittel einzeln einführen und die Reaktion Ihrer Rosacea betrachtet. Hierbei werden Sie sicher feststellen, dass es unter den potenziell triggernden Speisen auch solche gibt, die für Sie unproblematischer sind als andere. Das ist ganz normal. Hier ist Ihre Beobachtungsgabe gefragt: Welche Lebensmittel kann ich in welchen Mengen und wie oft verzehren? Bei welchen Lebensmitteln zeigen sich sofort Symptome?

> In der Testphase testen Sie potenziell triggernde Lebensmittel vorsichtig aus.

Manchen hilft eine Art Ernährungstagebuch, in dem sie notieren, was an Tag X gegessen wurde und ob bzw. welche Symptome auftraten. Das kann hilfreich sein, sollte aber äußerst genau durchgeführt werden, damit es gut funktioniert. Sonst kann es sein, dass

Sie die Zucchini verdächtigen, obwohl die Prise Pfeffer der Bösewicht war.

Haben Sie nach Phase zwei der Umstellung einen guten Überblick darüber, was Ihre Haut toleriert und was nicht, können Sie in Phase drei Ihre **individuell angepasste Ernährungsweise** dauerhaft in den Alltag übernehmen. Sicher werden Sie ab und an die eine oder andere Stellschraube bewegen, Ihr langfristiges Ziel sollten Sie dabei aber nie aus den Augen verlieren: eine rosaceafreundliche Ernährung, die Ihrer Haut die Stabilität gibt, um ernährungstechnische „Ausrutscher" gelassener hinzunehmen.

Stellen Sie sich ein Bankkonto vor, in das Sie durch die richtige Ernährungsweise einzahlen. Passiert Ihnen irgendwann mal ein Ausrutscher oder Sie können sich für eine gewisse Zeit nicht so ernähren, wie es Ihrer Haut guttun würde, dann profitieren Sie von diesen früheren Einzahlungen und sind entsprechend abgesichert.

Phase drei ist dann Ihre individuell angepasste Ernährungsweise.

Wichtig ist aber auch, dass Sie Ihren kulinarischen Alltag so gestalten, dass Sie sich nicht zu stark eingeschränkt fühlen und irgendwann die Lust an dieser Ernährungsweise verlieren. Eine ausgewogene Mischung macht's! Was genau das in der Praxis bedeutet, wird Ihnen die Rosacea schon selbst mitteilen. Da Sie im Laufe der Ernährungsumstellung immer besser den Zusammenhang zwischen auftretenden Symptomen und den verzehrten Speisen und Getränken kennenlernen, wird Ihnen eine mögliche Verschlechterung aber nicht mehr so viel Angst machen. Sie werden dann vielleicht in diesem Buch blättern und souverän bestimmen können, was die Symptome ausgelöst hat und was Sie ihnen entgegensetzen können.

Das Ergebnis der Ernährungsumstellung

Was können Sie von dieser rosaceafreundlichen Ernährungsweise erwarten? Eine gute Frage, denn schließlich werden Sie ja einige Arbeit in Ihren neuen Speiseplan investieren. Meiner Erfahrung nach wird Ihre Haut nicht nur widerstandsfähiger, sondern reagiert zudem weniger stark oder teils auch gar nicht mehr mit den typischen Symptomen auf potenzielle Trigger. Die Schübe fallen milder aus und die Grundröte reduziert sich. Zugleich heilen Symptome schneller ab und bleiben nicht mehr tage- oder gar wochenlang bestehen. Nicht zuletzt steigt dadurch Ihre Lebensqualität und Sie können sich wieder wohl in Ihrer Haut fühlen. So ist es mir ergangen, und so wünsche ich es mir auch für Sie!

Das weiß die Wissenschaft

Die Entstehung der Rosacea ist zwar noch nicht abschließend erforscht, Wissenschaftler haben aber einige Faktoren, die am Krankheitsgeschehen der Hauterkrankung mitwirken, identifizieren können.

Als Ursache der Rosacea gelten unter anderem entzündliche Prozesse des Nervengewebes, Veränderungen der Gefäß- und Lymphgefäßregulation und ein überaktives Immunsystem.

Die Veranlagung, an Rosacea zu erkranken, scheint genetisch bedingt zu sein. Hinzu kommen entzündliche Prozesse des Nervengewebes, Veränderungen der Gefäß- und Lymphgefäßregulation und ein überaktives Immunsystem. Letzteres zeigt sich in einer erhöhten Reaktion auf verschiedenste Reize (Stichwort „überempfindliche Haut"), wie beispielsweise bestimmte Inhaltsstoffe in Kosmetika sowie Mikroorganismen oder Bestandteile der Ernährung.[3,4] Auch die Demodexmilbe scheint teilweise am Krankheitsgeschehen beteiligt zu sein. Außerdem können vorangegangene Therapien, wie eine Behandlung mit Immunsuppressiva oder der längerfristige Gebrauch von Kortison, das Auftreten der Krankheit anstoßen. Rosaceaartige Hautveränderungen wurden außerdem bei 30 bis 40 Prozent der Krebspatienten beobachtet, die sogenannte *EGFR*-Inhibitoren (Cetuximab, Erlotinib, Panitunumab und Gefitinib) oder Tyrosinkinase-Hemmer (Imatinib und Nilotinib) erhielten.[5]

Die Bedeutung der Ernährung

Während es für Betroffene anderer schwererer Krankheiten wie Rheuma oder Diabetes umfangreiche Leitfäden und Patientenbroschüren zum Thema Ernährung gibt, existieren für Rosacea von offizieller Seite lediglich einige wenige Hinweise. So schreibt die Deutsche Dermatologische Gesellschaft e. V. zusammengefasst in etwa, dass man Heißes, Scharfes und Alkohol meiden sollte.[6]

Diese spärlichen Informationen sind ein guter Anfang, mehr aber auch nicht. Für mich spiegeln sie die Tatsache wider, dass der Einfluss der Ernährung auf die Rosacea noch immer nicht die Anerkennung findet, die er verdient. Leidtragender ist der selbstverantwortliche Patient, der unter seiner Erkrankung leidet und aktiv gegen die Rosacea vorgehen möchte.

Dabei gibt es zahlreiche Hinweise darauf, dass sich eine Umstellung der Ernährung durchaus lohnt. So ergab eine Umfrage der amerikanischen National Rosacea Society, dass die meisten der befragten Betroffenen (95 Prozent) eine Verbesserung ihrer Schübe beobachteten, wenn sie Veränderungen an ihrer Diät vornahmen.[7]

In einer weiteren Studie berichteten 73 Prozent von 516 Rosaceapatienten, dass eine Anpassung ihrer Ernährung dabei half, die krankheitstypischen Symptome zu lindern. Die meisten vermieden besonders scharfe und würzige Gerichte, wie sie in der mexikanischen, indischen, thailändischen und italienischen Küche vorkommen. Auch auf Alkohol wurde oft verzichtet. Zudem servierten die Befragten ihre zubereiteten Speisen eher etwas abgekühlt und hielten sich nach Möglichkeit vom heißen Ofen fern.[8]

Noch konkreter ist eine Veröffentlichung der National Rosacea Society, in der der Mediziner Dr. Jonathan Wilkin die meistgenannten Rosaceatrigger seiner Patienten zusammengefasst hat. Was die Ernährung anbelangt, wurden unter anderem folgende, potenziell schubauslösende Speisen und Getränke genannt[9]:

Leber	Avocado	histaminreiche Speisen
Joghurt	Hülsenfrüchte und Erbsen	Alkohol (vor allem Rotwein)
Sauerrahm	Zitrusfrüchte	Bier
Käse	Tomaten	Bourbon
Schokolade	Bananen	Gin
Vanille	Zwetschgen	Wodka
Sojasauce	Rosinen	Sekt
Hefeextrakt	Feigen	heiße Getränke
Aubergine	scharfe und heiße Speisen	

Durch diese Publikationen erhalten wir wichtige erste Hinweise für die Realisierung einer rosaceagesunden Diät, die ich im Folgenden durch weitere, wissenschaftlich basierte Erkenntnisse sowie eigene Erfahrungswerte ergänzen möchte. Diese Herangehensweise erachte ich als besonders wichtig, da uns ein grundlegendes Verständnis für die Entstehung der Rosaceasymptome mehr hilft und motiviert als vage Vermutungen darüber, was den letzten Schub ausgelöst haben könnte.

Am Ende der Beschreibung eines jeden Faktors, der auf Ihre Rosacea einwirkt, lesen Sie ein kurzes Fazit darüber, was dies konkret für Ihre Ernährungsweise bedeutet. Nicht alle der wissenschaftlich basierten Tipps sind gleichermaßen relevant. So profitiert Ihre Haut ganz sicher davon, wenn Sie antioxidantienreiches Gemüse und Obst in Ihren Speiseplan einbauen. Wichtiger ist aber das Meiden Ihrer ganz persönlichen, größten Ernährungstrigger, die bestimmte entzündliche Prozesse in der Haut anstoßen. Dabei muss auch der gelegentliche Genuss einer Süßspeise erlaubt sein, für die Sie im zweiten Teil des Buches ebenfalls Rezepte finden. Den Hauptteil Ihrer Ernährung sollten sie natürlich trotzdem nicht ausmachen. Eine gesunde Mischung macht's!

Faktoren, die auf die Rosacea einwirken

TRP-Kanäle

Sehen wir uns nun also die Ergebnisse der eben genannten Veröffentlichungen der National Rosacea Society noch einmal genauer an. Zusammengefasst kann man sagen, dass Rosaceabetroffene im Zuge einer rosaceagesunden Diät auf Scharfes oder Heißes sowie Lebensmittel mit Capsaicin (wie in Chilis) und Zimtaldehyd (wie in Zimt) verzichten sollten.

Beteiligt an der Hautreaktion auf diese Lebensmittel sind die sogenannten TRP-Kanäle (Transient Receptor Potential), die unter anderem in der Haut und den Schleimhäuten zu finden sind. Durch diese Rezeptoren nehmen wir Reize wahr, die beispielsweise durch kalte oder heiße Speisen entstehen.[10] Aber auch Wärme in Räumen, wie zum Beispiel eine im Laufe des Kochgeschehens aufgeheizte Küche oder die Hitze von Herdplatten sind Trigger dieser Rezeptoren.[11] Ihre Aktivierung äußert sich unter anderem in der Erweiterung der Blutgefäße sowie einer verstärkten Durchblutung der Haut.[12]

Bei Betroffenen einer Rosacea bleibt es aber nicht bei einem kurzen Flush, den auch Menschen mit gesunder Haut nach dem Genuss eines scharfen Gerichtes erleben können. Durch die krankheitsbedingten Veränderungen reagieren Patienten stärker und länger auf solche Reize, was letztlich zu entzündlichen Vorgängen führen kann, die sich dann unter anderem in einer länger anhaltenden Gesichtsrötung, dem sogenannten „persistierenden Erythem", sowie weiteren Symptomen wie einem Stechen, Brennen oder Jucken äußern.[13,14] Je nach Veranlagung können sich hier auch Pusteln hinzugesellen. Besonders nennenswert sind die Rezeptoren Transient Receptor Potential Vanilloid 1 (TRPV1) und Transient Receptor Potential Ankyrin 1 (TRPA1).

TRPV1 reagiert unter anderem auf thermische Hitze (> 42 °C) sowie auf Capsaicin, das in verschiedenen Paprikaarten vorkommt und einen Hitze- oder Schärfereiz hervorruft. In der Gemüsepaprika hingegen ist fast kein Capsaicin enthalten, weswegen sie problemlos verzehrt werden kann.[15]

Der TRPV1 reagiert ebenfalls auf Piperin (in Pfeffer)[16], Gingerol und Zingerone (in Ingwer), Eugenol (vor allem in Gewürznelke, Piment und Zimt)[17], endogene Cannabinoide (Anandamid in Schokolade und Kakao[18]) und auf Alkohol.[19] Letzterer ist auch in Zusammenhang mit einem weiteren, die Rosaceasymptome verschlechternden Faktor problematisch, nämlich dem gefäßerweiternd wirkenden Gewebshormon Histamin.[20] Er bereitet fast allen Rosaceabetroffenen Probleme.

Alkohol ist für fast alle Rosaceapatienten problematisch.

Die National Rosacea Society befragte 700 Patienten zu dem Trigger Alkohol. Während zehn Prozent antworteten, dass sie fast gar nicht tränken, und weitere zehn Prozent angaben, dass Alkoholkonsum keinen Einfluss auf ihre Symptome habe, berichteten 64 Prozent all jener Befragten, die ab und zu tranken, dass nach nur einem Glas bereits Symptome auftraten. Vor allem wurde Rotwein als Flush-Garant genannt, während Weißwein die Rosacea eher allgemein verschlechterte. Ein Drittel gab an, Sekt oder Wodka schlecht zu vertragen. Aber auch Bier, Bourbon, Gin und Rum sorgten für Probleme. Ganze 78 Prozent berichteten, dass sie deshalb ihren Alkoholkonsum einschränken würden und fast alle, die dies taten, waren davon überzeugt, dass dies die Rosaceasymptome verbesserte.[21]

TRPA1 steht in enger Verbindung zum TRPV1 und spielt ebenfalls eine Rolle bei der Wahrnehmung von Temperaturen, aber auch von mechanischen Reizen.[22] Dies könnte eventuell erklären, weshalb bei mir beispielsweise eine härtere, besonders krustige Brotrinde oder große, dicker geschnittene Chips gelegentlich zu einem leichten Flush führen.

Der Rezeptor reagiert zudem auf Lebensmittel, die sich in der geschmacklichen Wahrnehmung am besten als scharf, stechend oder beißend bezeichnen lassen. Besonders relevant ist hier der Stoff Allylisothiocyanat, der in Senf, Meerrettich oder Wasabi vorkommt.[23,24]

Auch Allicin, das dem Knoblauch seinen typischen Geruch verleiht, sowie Diallyldisulfid, ein Zerfallsprodukt von Allicin, das beim Anschneiden von Knoblauch, Zwiebeln und Lauchgewächsen entsteht, aktivieren TRPA1.[25] Durch Hitze, wie z. B. beim Braten oder Kochen, kann man Allicin weitestgehend inaktivieren, da der Stoff darauf empfindlich reagiert. Deshalb finden Sie in meinen Rezepten immer wieder Zwiebeln und Knoblauch in der Zutatenliste – allerdings nie roh. Des Weiteren aktivieren Zimtaldehyd (wie in Zimt, Schokolade, Zitrusfrüchten und Tomaten) und auch Menthol (wie in den ohnehin wegen ihres Zuckergehalts zu meidenden Lutschbonbons) den Rezeptor TRPA1.[26,27,28]

Die mehrfach ungesättigten, gesunden Omega-3-Fettsäuren und deren ausgeglichenes Verhältnis zu den eher entzündungsfördernden Omega-6-Fettsäuren scheinen regulierend auf den TRPV1 einzuwirken.[29] Omega-3-Fette sind ein wichtiger Bestandteil der menschlichen Ernährung und in pflanzlichen Quellen wie Raps- oder Leinöl (fast ausschließlich α-Linolensäure) sowie in Fettfischen wie Makrele, Lachs und Sardine, aber auch in Algen (in Form von Docosahexaensäure, DHA und Eicosapentaensäure, EPA) enthalten. Bereits ein Esslöffel Rapsöl soll bei einem Erwachsenen den täglichen Bedarf an Omega-3-Fetten decken.[30]

In einer Studie wurde eine deutliche Verbesserung der Symptome von Patienten mit Rosacea und trockenen Augen festgestellt, nachdem sie über drei Monate zweimal täglich 325 mg EPA und 175 mg DHA eingenommen hatten.[31]

Zu den wichtigsten Omega-6-Fetten zählen Linolsäure und Arachidonsäure. Linolsäure findet sich in vielen Lebensmitteln, zum Beispiel in Sonnenblumen- oder Sesamöl, und bildet die Vorstufe zu weiteren Omega-6-Fettsäuren. Der Körper kann aus ihr beispielsweise Arachidonsäure sowie Gamma-Linolensäure herstellen, die bei unterschiedlichen Prozessen im Körper von Bedeutung sind. Die Arachidonsäure kann aber auch direkt über tierische Produkte wie Wurstwaren, Butter oder Eier aufgenommen werden.

Für den menschlichen Körper sind beide Arten von ungesättigten Fettsäuren wichtig. Problematisch wird es wie bereits erwähnt nur, wenn ein Überschuss an Omega-6-Fettsäuren vorherrscht. Die Deutsche Gesellschaft für Ernährung e. V. empfiehlt, höchstens fünfmal so viel Omega-6- wie Omega-3-Fettsäuren zu sich zu nehmen.[32]

> Es ist wichtig, auf eine gesunde Balance zwischen Omega-3- und Omega-6-Fettsäuren zu achten.

Während früher dazu geraten wurde, den Verzehr der als entzündungsfördernd angesehen Omega-6-Fette drastisch zu reduzieren, erkennt man heute deren wichtige Rolle im Körper – beispielsweise für das Herz-Kreislauf-System – an. Entsprechend wird empfohlen, insgesamt eher mehr Omega-3-Fette zu verzehren, als Omega-6-Fettsäuren vollständig vom Speiseplan zu streichen.[33]

Auch Ölsäure, die zu den Omega-9-Fettsäuren zählt, kann nachgewiesenermaßen die aktivierende Wirkung von capsaicinhaltigen Lebensmitteln und heißen Temperaturen auf den TRPV1 reduzieren.[34] Ölsäure kommt in fast allen natürlichen (pflanzlichen und tierischen) Ölen und Fetten vor. Einen besonders hohen Anteil besitzen Olivenöl (70 bis 75 Prozent), Rapsöl und Sesamöl (35 bis 46 Prozent).[35]

Bedeutung für die Praxis

- Für die konsequente rosaceafreundliche Ernährung, an die wir uns im ersten Monat halten wollen, bedeutet das, dass wir auf scharfe oder heiße Lebensmittel verzichten – so, wie es auch in der Leitlinie der Deutschen Dermatologischen Gesellschaft e. V. empfohlen wird.
- Des Weiteren verzehren wir besser keine Speisen oder Getränke, die ebenfalls die in der Rosaceahaut überreagierenden Rezeptoren der TRP-Familie stimulieren. Hierzu zählen Pfeffer, Senf, Meerrettich oder Wasabi, Schokolade, Alkohol, roher Knoblauch oder rohe Lauchgewächse wie Zwiebeln. Auch auf zimtaldehydhaltige Produkte wie Zimt, die bereits genannte Schokolade, Zitrusfrüchte und Tomaten sowie Menthol sollten wir verzichten.
- Positive Auswirkungen haben der Verzehr von Omega-3-Fettsäuren in Form von Lebensmitteln oder auch durch in moderaten Mengen eingenommene Nahrungsergänzungsmittel mit Fischöl. Zudem hat die Ölsäure, wie sie unter anderem in Olivenöl vorkommt, einen stabilisierenden Effekt auf den TRPV1-Rezeptor, der beispielsweise auf die Schärfe von Chilis reagiert.
- Unsere Speisen verzehren wir besser etwas abgekühlt anstatt heiß aus dem Ofen oder vom Herd und achten in der Küche darauf, dass wir stets einen kühlen Kopf bewahren.

- Auch meiden wir nach Möglichkeit mechanische Stimuli, die über die Reizung der Mundschleimhaut zu Problemen führen könnten.

Histamin

Histamin nimmt eine zentrale Rolle bei allergischen Reaktionen ein und ist Bestandteil des Immunsystems, das für die Abwehr körperfremder Stoffe zuständig ist. Als einer von vielen Botenstoffen ist Histamin beispielsweise an Entzündungsreaktionen beteiligt. Es wird zum einen von den sogenannten Mastzellen (Zellen der körpereigenen Abwehr, die sich auch in der Haut befinden) ausgeschüttet, zum anderen kann Histamin über Speisen aufgenommen werden. Sogenannte Histaminliberatoren fördern seine Freisetzung im Körper, aber es kann ebenso gut in seinem Abbau gehemmt werden.[36]

Als Gärungs-, Reifungs- oder Verderbnisprodukt ist Histamin in den meisten Nahrungsmitteln in stark unterschiedlicher Konzentration enthalten. Besonders viel von diesem Stoff findet sich in Fischkonserven, Wurstwaren, lang gereiften Käsesorten, Rotwein, Sekt oder Bier. Typische Liberatoren sind Zitrusfrüchte, während unter anderem Alkohol und schwarzer Tee den Abbau von Histamin blockieren.

Einzelne biogene Amine haben zudem eine histaminähnliche Wirkung. Dabei handelt es sich um organische Verbindungen, die beispielsweise in Form von Putrescin vor allem in Getreidekeimlingen und Sauerkraut oder als Serotonin in Walnüssen, Ananas, Bananen und Tomaten vorkommen. Der Histamingehalt in Speisen kann weder durch Einfrieren noch durch Kochen verringert werden.

> Der Histamingehalt verändert sich weder durch Einfrieren noch durch Kochen der Lebensmittel.

Da sehr viele Rosaceabetroffene davon berichten, dass sie auf Histamin in Speisen empfindlich reagieren, liegt der Gedanke nahe, dass eine Histaminsensitivität oder gar eine Histaminintoleranz vorliegen könnte. Kein Wunder, denn die histaminbedingt auftretenden Flushs durch die Erweiterung der Blutgefäße sind auch ein Leitsymptom der chronisch-entzündlichen Hauterkrankung. Allerdings liegt eine solche Unverträglichkeit, die sich unter anderem durch die Konzentration des histaminabbauenden Enzyms Diaminoxidase im Blut nachweisen lässt, tatsächlich eher selten vor. Wenn Sie also negativ auf Histaminintoleranz getestet werden, ist das durchaus normal, bedeutet allerdings nicht unbedingt, dass Sie deshalb problemlos histaminhaltige Nahrungsmittel verzehren können.

Ob und wie stark Sie auf diesen Stoff reagieren, entscheidet die persönliche Toleranzschwelle, aber auch die Gesamtmenge des Histamins im Körper. Beides wird neben der Ernährung unter anderem durch Stress,[37,38] starke Hitze und UV-Strahlung sowie Schlafmangel, den gleichzeitigen Genuss von Alkohol, die Hormonlage oder den Kontakt mit Allergenen beeinflusst, da das Immunsystem auf diese Reize mit der Ausschüttung des körpereigenen Botenstoffs Histamin reagieren kann.

Bedeutung für die Praxis

- Ob nun eine Histaminintoleranz vorliegt oder Sie „nur" empfindlich auf diesen Stoff reagieren – erfahrungsgemäß profitieren Rosaceabetroffene sehr davon, wenn sie versuchen, sich möglichst histaminarm zu ernähren – besonders konsequent im ersten Monat der Ernährungsumstellung. Deshalb meiden wir nach meinem Konzept Speisen und Getränke, die in Bezug auf Histamin problematisch sein könnten.
- Berücksichtigt habe ich in meinen Rezepten unter anderem die Liste der Schweizerischen Interessengemeinschaft Histamin-Intoleranz (SIGHI).[39] Es sei an dieser Stelle erwähnt, dass die Liste zwar eine sehr gute Orientierung bietet, im Internet und in Büchern aber teils abweichende Angaben zum Histamingehalt einzelner Lebensmittel kursieren. Wir können sie also nur als groben Anhaltspunkt nehmen. Zum Beispiel nennt die Liste der Schweizerischen Interessengemeinschaft Sesam als leicht problematisch, während andere Quellen ihn als gut verträglich einordnen. Ich selbst habe bei Sesam nie Probleme gehabt, weswegen Sie ihn in manchen meiner Rezepte finden werden.

- Wenn Sie in der Testphase einzelne Lebensmittel auf ihre Verträglichkeit testen, ist Ihre Beobachtungsgabe gefragt. Wie bereits erwähnt, spielen hier die Begleitumstände eine große Rolle. Haben Sie großen Stress und seit einer Woche kaum geschlafen, wird sich eine stark histaminhaltige Mahlzeit stärker bemerkbar machen und möglicherweise zu einem Flush führen. Weitere Symptome können sich unter anderem in Form von Juckreiz, Übelkeit, Durchfall, einer laufenden Nase, Atemnot, Blutdruckabfall und Kopfschmerzen zeigen.
- Als unproblematisch habe ich es erlebt, zubereitete Speisen für zwei bis drei Tage im Kühlschrank oder im Gefrierfach aufzubewahren und dann noch zu essen, obwohl sich hierbei der Histamingehalt erhöht. Dies erweist sich beispielsweise bei der Vorbereitung des Mittagsessens fürs Büro als Vorteil. Häufig wird auch empfohlen, eher mehrere kleine Mahlzeiten am Tag anstatt zwei sehr große zu sich zu nehmen. Dies deckt sich mit meiner Erfahrung. Nach sehr großen Mahlzeiten bekomme ich eher das histamintypische Herzklopfen oder einen Flush.
- Eine auf den ersten Blick banale Empfehlung, die nicht nur auf den Histaminspiegel, sondern auch auf Ihre Rosacea und alle anderen Lebensbereiche einwirkt, betrifft die Entspannung: Sorgen Sie im Alltag für ausreichend Schlaf und Ruhepausen, erkennen Sie eigene Belastungsgrenzen, akzeptieren Sie auch scheinbar imperfekte Umstände und sorgen Sie allgemein für Ihr Wohlbefinden. Wie genau das individuell für Sie aussehen könnte, wissen Sie selbst am besten.
- Zusätzlich können Sie noch weitere Dinge tun, um unterstützend auf den Abbau des Histamins einzuwirken, beziehungsweise seiner verstärkten Bildung vorzubeugen: Vitamin C soll beispielsweise dabei helfen, Histamin im Körper abzubauen. Im besten Fall wird es über die Nahrung aufgenommen, kann aber auch als Nahrungsergänzungsmittel zugeführt werden. Hier ist darauf zu achten, dass Kapseln oder Tabletten möglichst keine unerwünschten Zusatzstoffe wie Zucker(arten) enthalten. Ich nehme Kapseln mit natürlichem Vitamin C aus der Acerolakirsche ein. Über die täglich benötigte Menge von Vitamin C gibt es unterschiedliche Aussagen. Die Deutsche Gesellschaft für Ernährung e. V. empfiehlt etwa 100 mg pro Tag.[40]

> Vitamin C hat einen positiven Einfluss auf den Histaminabbau.

- Andere Studien raten zur Einnahme von hoch dosiertem Vitamin C, wenn der Bedarf bei starkem Stress oder vorliegenden entzündlichen Erkrankungen erhöht ist. Am besten ist es, dieses Vitamin über den Tag verteilt in kleineren Dosen aufzunehmen. Dies erhöht die Aufnahmefähigkeit des Organismus. Viele Gemüsesorten, die auch mit einer rosaceagesunden Diät kompatibel sind, enthalten viel Vitamin C, so etwa Petersilie, rote Paprika, Grünkohl, Brokkoli, Fenchel oder Blumenkohl. Auf die oft im Zusammenhang mit Vitamin C genannten, bei Rosacea triggernden Zitrusfrüchte verzichten Sie jedoch besser.
- Aus eigener Erfahrung kann ich Ihnen die Einnahme von spezieller Heilerde oder Zeolith in Granulatform empfehlen, die für die Bindung von Histamin von Bedeutung ist. Sie wird etwa eine Viertelstunde vor einer histaminhaltigen Mahlzeit mit Wasser eingenommen. Da Histamin wasserlöslich ist, hilft es außerdem, generell viel zu trinken. Ich empfehle Ihnen stilles Wasser.[41]
- Achten Sie zudem auf die Frische von Produkten wie Fleisch oder Fisch, da sich die meisten Bakterien auf der Oberfläche befinden und dort Histamin produzieren. Durch das Abspülen mit fließendem kaltem Wasser können Sie Histaminproblemen ein wenig vorbeugen.
- Kapseln, die das Enzym Diaminoxidase (DAO) enthalten und den Abbau des mit der Nahrung im Darm aufgenommenen Histamins unterstützen sollen, habe ich persönlich als am wenigsten hilfreich erlebt.
- Frauen sollten besonders in der prämenstruellen Phase und zu Beginn der Menstruation auf eine histaminarme Ernährung achten, da sie in dieser Zeit empfindlicher darauf reagieren. Histamin und Östrogene scheinen sich aufeinander auszuwirken.[42]
- Bei vermuteten Allergien oder Darmerkrankungen sollten Sie diese ärztlich abklären lassen, auch weil sie in Bezug auf die Histaminempfindlichkeit eine Rolle spielen und die Rosacea-Symptome befeuern können. Auch Kreuzallergien sind unter Umständen zu beachten.
- Zuletzt sei an dieser Stelle noch erwähnt, dass bei einer vermuteten Histaminintoleranz oder -sensitivität auch die Option besteht, eine Zeit lang einen H1- und/oder H2-Rezeptorblocker einzunehmen und zu überprüfen, ob sich das Beschwerdebild verändert. Je nach

Ursache der Histaminempfindlichkeit kann auch die Gabe von Mastzellenstabilisatoren sinnvoll sein. Dies besprechen Sie am besten mit einem Dermatologen oder Gastroenterologen. Mastzellenstabilisatoren gibt es übrigens nicht nur als Medikamente, sondern auch in natürlicher Form. Welche das sind und was es zum Thema Mastzellen noch zu beachten gibt, dazu kommen wir jetzt.

Mastzellen

Die Mastzellen gehören zur körpereigenen Abwehr. Sie haben nicht nur das bereits erwähnte Histamin, sondern auch weitere, am Krankheitsgeschehen der Rosacea beteiligte entzündungsfördernde Botenstoffe und antimikrobielle Peptide gespeichert. Diese setzen sie nach ihrer Aktivierung frei und können dadurch beispielsweise die Erweiterung und Neubildung von Gefäßen beeinflussen.

Bei der Rosacea ist die Anzahl der Mastzellen in der Haut nachgewiesenermaßen erhöht. Eine Beteiligung an der Rosacea und damit verbundenen Entzündungsprozessen wurde in verschiedenen Studien vermutet.[43] Der Versuch, die Hautkrankheit medikamentös mit Mastzellenstabilisatoren zu behandeln, zeigte in einer Studie Erfolg.[44]

Zum Glück können wir den Körper und unsere Haut durch natürliche Mastzellenstabilisatoren unterstützen. Dies hat meiner Erfahrung nach einen äußerst positiven Einfluss auf Symptome wie das Auftreten von Flushs und Schüben. Die Forschung befindet sich diesbezüglich noch in den Kinderschuhen, erkennt aber bereits Zusammenhänge.

Auch der Konsum von Ballaststoffen, also weitgehend unverdaulichen Nahrungsbestandteilen aus pflanzlichen Lebensmitteln wie Getreide, Obst oder Gemüse, und die durch im Darm angeregte Bildung von kurzkettigen Fettsäuren sollen regulierend auf Mastzellen und zudem positiv auf die Darmflora einwirken.[45] Dies ist auch deswegen für die Rosacea von Bedeutung, da das wichtigste Verdauungsorgan und die Haut eng miteinander verknüpft sind – so eng, dass man von der „Darm-Haut-Achse“ spricht. So ist es nicht verwunderlich, dass das Auftreten bestimmter Darmerkrankungen vermehrt bei einer gleichzeitig vorliegenden Rosacea beobachtet wurde. Ob und wie Erkrankungen des Verdauungstraktes konkret mit der Rosacea zusammenhängen, wird momentan intensiv erforscht. Zwar gibt es einige Studien, die mögliche Verbindungen aufzeigen, wie z. B. eine groß angelegte dänische Untersuchung, die ein erhöhtes Vorkommen von Zöliakie, Morbus Crohn, Colitis ulcerosa, Reizdarm, Helicobacter pylori und Dünndarmfehlbesiedlung bei Rosaceapatienten nachweisen konnte. Doch die genaue Verbindung, so die Wissenschaftler, sei bislang noch unbekannt.[46]

Beschwerden des Verdauungstraktes können mit Ihrer Rosacea zusammenhängen.

Sollten Sie bei sich Beschwerden des Verdauungstrakts bemerken, suchen Sie am besten neben Ihrem Dermatologen auch einen Gastroenterologen auf und berichten Sie ihm von den Zusammenhängen. Möglicherweise vorliegende Begleiterkrankungen des Darms zu eliminieren oder das Risiko ihres Auftretens zu reduzieren, können wichtige Schritte im Umgang mit Ihrer Rosacea sein.

Sollten Sie überlegen, Probiotika einzunehmen, die manchmal bei Rosacea empfohlen werden, achten Sie bitte darauf, dass sie keine histaminbildenden Bakterienstämme enthalten. Oft werden aber selbst rosaceafreundliche Probiotika nicht gut vertragen. Ich reagiere beispielsweise auf jede Art dieser Mittel mit Symptomen. Für die Einnahme solcher Mittel sprechen jedoch zahlreiche Studien, die positive Effekte nachweisen konnten.[47] Probieren Sie es am besten selbst aus.

Auch fermentierte Nahrungsmittel, die oft für eine probiotische Diät empfohlen werden, sind mit Vorsicht zu genießen, da sie stark histaminhaltig sind. Eine rosaceagesunde Diät kann also nur von Lebensmitteln profitieren, die die Mastzellen nicht aktivieren, sondern sie stabilisieren, sodass sie nicht mehr so sensibel auf mögliche Reize reagieren. Die entsprechenden Empfehlungen überschneiden sich teilweise mit denen für eine histaminarme Diät.

Bedeutung für die Praxis

- In der einmonatigen Karenzphase werden wir Lebensmittel meiden, die in Bezug auf eine Mastzellenaktivierung problematisch sein könnten. Dabei sind die unter dem Punkt „Histamin" genannten Hinweise zu beachten.
- Flavonoide sind Naturfarbstoffe, die sich hauptsächlich in den farbigen Schalen von Obst und Gemüse befinden. Luteolin (wie Petersilie, Artischockenblätter, Karotten, Sellerie, Olivenöl, Kamille, Pfefferminze, Thymian, Rosmarin, Oregano) und Apigenin (wie Kamille, Thymian, Kirschen, Brokkoli, Petersilie) gehören zu den stärksten Mastzellenstabilisatoren dieser Gruppe. Sie wirken zudem antientzündlich. Nachgewiesenermaßen ist auch der Naturfarbstoff Quercetin ein starker Mastzellenstabilisator. Er findet sich in Liebstöckel, Grüntee, Zwiebeln, Heidelbeeren, Grünkohl, roten Trauben, Äpfeln oder Brokkoli. Quercetin wirkt zudem regulierend auf die sogenannten Toll-like-Rezeptoren 2 und 4, die zum angeborenen Abwehrsystem gehören und eine Art Alarmsystem für Krankheitserreger darstellen. Bei Rosaceapatienten sind diese Rezeptoren überaktiv und stoßen entzündliche Vorgänge an. Auch Kaempferol (rote Weintrauben, Brokkoli, Äpfel, Kürbis, Salatgurke, Salat, Brombeeren) und Fisetin (Äpfel, Kakis, Trauben, Gurken, Zwiebeln) gelten als mastzellenstabilisierend. Silymarin, ein Stoff aus der Mariendistel, der als Nahrungsergänzungsmittel erhältlich ist, sowie Kurkuma wirken ebenfalls auf diese Weise und zudem antientzündlich. Alle als Beispiele genannten Lebensmittel sind zugleich rosaceafreundlich.
- Bestimmte Medikamente können im Zusammenhang mit einer Sensitivität der Mastzellen – beziehungsweise einer Überempfindlichkeit auf Histamin – problematisch sein. Sollten Sie dauerhaft Medikamente einnehmen, sprechen Sie beim nächsten Arztbesuch das Thema an. Eine umfangreiche Liste stellt die oben erwähnte Schweizerische Interessengemeinschaft Histamin-Intoleranz (SIGHI) bereit.

Gesunde Ballaststoffe finden sich vor allem in Obst, Gemüse und Getreide Kohlsorten, Karotten, Fenchel oder Kartoffeln enthalten besonders viele davon.

- Ernährungswissenschaftler raten, am Tag mindestens 30 Gramm der mastzellenstabilisierenden Ballaststoffe aufzunehmen. Sie lassen sich in wasserlösliche (Pektine, Inulin und Beta-Glukane) und -unlösliche (Zellulose) unterteilen. Letztere regen die Verdauung an und helfen zum Beispiel, Verstopfung vorzubeugen. Lösliche Ballaststoffe werden im Dickdarm von Bakterien zerlegt und dienen der Darmflora als Futter. Ballaststoffe kommen vorwiegend in Obst, Gemüse und Getreide (hier vor allem in den zu bevorzugenden Vollkornprodukten) vor. Kohlsorten (Blumenkohl, Brokkoli, Grünkohl, Rotkohl, Weißkohl), aber auch Karotten, Fenchel und Kartoffeln liefern viele Ballaststoffe. Manchmal kommt es bei Personen, die zuvor kaum Ballaststoffe gegessen haben und nun plötzlich die Zufuhr erhöhen, zu anfänglichen Beschwerden wie Blähungen, Völlegefühl und Darmgrummeln. Mit der Zeit lässt dies aber meist nach.

Gesättigte Fette und Transfette

Auch ein Blick auf gesättigte Fette und Transfette lohnt sich, wenn man sich über eine rosaceafreundliche Diät Gedanken macht. Gesättigte Fette kommen vor allem in tierischen Produkten wie Butter und anderen Milchprodukten, in fettreichen Fleisch- und Wurstwaren sowie in pflanzlichen Fetten wie Kokosfett, Palmöl, Palmfett und Kakaobutter vor. Eine amerikanische Studie zeigte, dass ein übermäßiger Verzehr solcher Lebensmittel über eine Aktivierung des bereits erwähnten, bei der Rosacea am Krankheitsgeschehen maßgeblich beteiligten Toll-like-Rezeptors 2 zu einer Entzündungsreaktion führen kann.[48,49] Mehrfach ungesättigte Fettsäuren, vor allem die uns schon bekannte Docosahexaensäure aus der Klasse der Omega-3-Fettsäuren, scheinen dem entgegenwirken zu können.[50]

Einen regulierenden Effekt auf die in der Rosaceahaut ablaufenden entzündlichen Prozesse, an denen auch das Enzym Kallikrein-5 beteiligt ist, könnten zudem Ursol- und Oleanolsäure ausüben. Zumindest legt dies eine Studie nahe, die die Fähigkeit der beiden Triterpene untersuchte, die Aktivität von Kallikrein-5 zu hemmen.[51] Ursolsäure kommt als Naturstoff unter anderem in Äpfeln (Apfelschalen), Thymian, Cranberries, Rosmarin und Oregano vor. Oleanolsäure findet sich zum Beispiel in Salbei, Rosmarin oder Pistazien. All diese genannten Lebensmittel sind Zutaten, die Sie auch im Rezeptteil finden.

Transfette stehen schon lange im Verdacht, sich ungünstig auf die Gesundheit auszuwirken. Die ungesättigten Fettsäuren, die entstehen, wenn ursprünglich gesundes Pflanzenöl industriell gehärtet wird, kommen beispielsweise in Croissants, Kuchen, Keksen, Pommes frites, Pizza, Burgern, Kartoffelchips oder Popcorn vor. Beim Kochen, Braten und Frittieren mit Fetten und Ölen sorgen (zu) hohe Temperaturen dafür, dass – je nach Zusammensetzung des verwendeten Fettes – Transfette gebildet werden. Je mehr gesättigte Fettsäuren enthalten sind, desto höher liegt der sogenannte Rauchpunkt. Bei pflanzlichen Ölen mit einem hohen Gehalt an ungesättigten Fettsäuren liegt der Rauchpunkt entsprechend niedriger. So können bereits bei Temperaturen ab 130 °C Transfette entstehen.

> Je mehr ungesättigte Fettsäuren ein Öl enthält, desto schneller entstehen Transfette beim Backen oder Braten mit höheren Temperaturen.

Eine längerfristige Ernährungsweise, die viele Transfette beinhaltet, wirkt schädlich und kann die Entwicklung von Krankheiten fördern, die auf Sonnenlicht (UV-Strahlung) reagieren. Dazu gehört auch die Rosacea. In einer Studie konnte die Gabe von Omega-3-haltigem Fischöl Schäden durch UV-Strahlung verhindern.[52]

Bedeutung für die Praxis

- In meinen Rezepten verzichte ich weitestgehend auf gesättigte Fettsäuren. Stattdessen bevorzuge ich Omega-3-Fettsäuren, um einen regulierenden Effekt auf den bei Rosacea überaktiven Toll-like-Rezeptor 2 zu erreichen. Dies kann durch den Verzehr von Seefisch oder durch Nahrungsergänzungsmittel mit Fisch- oder veganem Algenöl gewährleistet werden.

- Auch der Verzehr von ursol- und oleanolsäurehaltigen Lebensmitteln wie Äpfeln, Thymian, Cranberries, Rosmarin, Oregano, Basilikum, Salbei oder Pistazien kann sich positiv auf die rosaceabedingten entzündlichen Prozesse in der Haut auswirken.
- Um die Entstehung von Transfetten zu vermeiden, verwenden Sie beim Braten spezielle Öle mit hohem Rauchpunkt – aber in Maßen, da diese ebenfalls gesättigte Fettsäuren enthalten. Gut geeignet für hohes Erhitzen sind in der Regel Ghee (geklärte Butter), Kokosfett oder (nicht kalt gepresstes) Rapsöl. Für den täglichen Gebrauch hat sich in meiner Küche Olivenöl bewährt, das Sie ohne Probleme benutzen können, solange die Brat-Temperatur unter 180 °C bleibt. Verzehren Sie nur selten Backwaren und Frittiertes. Achten Sie zudem bei Inhaltsstofflisten auf Begriffe wie „gehärtet“, „teilgehärtet“ oder „hydrogenisiert“ und meiden Sie diese Lebensmittel nach Möglichkeit.

Antioxidantien

Antioxidantien kommen in der Nahrung unter anderem in Form von Vitamin C, Vitamin E oder sekundären Pflanzenstoffen wie Beta-Carotin, OPC (Resveratrol) und Flavonoiden (also Pflanzenfarbstoffen) sowie Spurenelementen wie Selen, Zink, Kupfer und Mangan vor. Sie bieten Schutz vor den schädlichen freien Radikalen, die zum einen vom Körper selbst gebildet werden und zum anderen durch äußere Einflüsse wie Zigarettenrauch, Umweltgifte oder die UV-Strahlung der Sonne entstehen.

Rosaceabetroffene haben Studien zufolge ein vergleichsweise hohes Level an oxidativem Stress.

Antioxidantien spielen für Rosaceabetroffene eine wichtige Rolle, weil sie ein besonders hohes Level an oxidativem Stress aufzuweisen scheinen, beziehungsweise ein Ungleichgewicht zwischen freien Radikalen und den neutralisierenden Antioxidantien vorherrscht.[53] Die Reserven an Antioxidantien in der Haut von Rosaceabetroffenen scheinen sich daher nachgewiesenermaßen schneller zu erschöpfen, als es bei Gesunden der Fall ist. Wenn dann noch externe Faktoren wie die genannte UV-Strahlung für zusätzlichen oxidativen Stress sorgen, hat die Haut dem wenig entgegenzusetzen – der Grundstein für Entzündungen ist gelegt.[54]

Viele Lebensmittel, die Antioxidantien beinhalten, wie beispielsweise Tomaten oder Spinat, sind leider nicht für eine rosaceagesunde Ernährung geeignet, da sie auf dem einen oder anderen Weg als Trigger wirken. Zum Glück gibt es aber ebenso viele Obst- und Gemüsesorten sowie Vollkornprodukte und Nüsse, die Sie problemlos verzehren und damit den schädlichen freien Radikalen entgegenwirken können.

Bedeutung für die Praxis

- Mit dem Verzehr von Lebensmitteln, die reich an Antioxidantien sind, tun Sie nicht nur Ihrer rosaceageplagten Haut, sondern auch Ihrem ganzen Körper etwas Gutes. Eine ausgewogene Diät, die gesunde Öle (wie zum Beispiel das Vitamin-E-haltige und entzündungshemmende native Olivenöl) sowie viel „ampelfarbiges" Gemüse und Obst wie Trauben (grün), Beeren (rot) sowie Karotten, Äpfel oder Süßkartoffeln (gelb/orange) beinhaltet, ist empfehlenswert. Da sich viele der Stoffe in oder direkt unter der Schale befinden, sollte man diese wenn möglich mitessen. Auch Antioxidantien wie in weißem Tee oder dem Gewürz Kurkuma tun der Haut gut. Übrigens: Weißer Tee beinhaltet eine größere Menge an gesundheitsfördernden Stoffen, wenn er nicht heiß aufgegossen, sondern für etwa zwei Stunden bei Raumtemperatur ziehen gelassen wird.
- Der Verzehr von Vollkornprodukten, aber auch von Fisch und Fleisch, liefert wichtige antioxidativ wirkende Mineralstoffe. In Getreide liegen Antioxidantien in geringerer Konzentration vor als in Obst und Gemüse und sind vor allem in den Außenhüllen des Korns konzentriert. Zu bevorzugen sind Lebensmittel, die frisch sind und nach Möglichkeit aus biologischem Anbau stammen, da sie einen höheren Gehalt an Antioxidantien aufweisen.
- Im Verbund sorgen Antioxidantien, die sich gegenseitig in ihrer Wirkung verstärken können, dafür, dass der Körper – und damit auch die Haut – vor den negativen Auswirkungen der freien Radikale geschützt wird. Dadurch werden Entzündungen verhindert.

- Neben der Ernährungsweise sind individuelle Umstände, die die Lebensweise betreffen, im Hinblick auf die Antioxidantien relevant. Ein ungünstiger Lebensstil, beispielsweise mit wenig Bewegung, zahlreichen Zigaretten und einer hohen Stressbelastung, leistet insgesamt einen eher negativen Beitrag zur Hautgesundheit.

Glykämische Last

Der glykämische Index beschreibt die Auswirkung eines kohlenhydrathaltigen Lebensmittels auf den Blutzuckerspiegel. Je höher der Wert ist, desto mehr Zucker gelangt innerhalb eines bestimmten Zeitraums nach dem Verzehr einer definierten Menge des Lebensmittels ins Blut. Ein Maßstab, der zusätzlich die Gesamtmenge der Kohlenhydrate berücksichtigt, ist die sogenannte „glykämische Last".

Nehmen wir als Beispiel einmal gekochte Karotten und vergleichen sie mit einem Baguette. Beide haben den gleichen glykämischen Index von 70, wegen der geringeren Kohlenhydratdichte der Karotten aber eine unterschiedliche glykämische Last. Der Verzehr von 104 Gramm Baguette würde demnach zur selben Blutzuckerreaktion führen wie der Verzehr von 700 Gramm gekochten Karotten.

Eine stark zucker- und weißmehlhaltige Ernährung sorgt für erhöhten oxidativen Stress.

Eine Ernährung mit vielen Lebensmitteln, die eine hohe glykämische Last aufweisen (z. B. Zucker und Weißmehl), wirkt sich langfristig eher negativ auf den gesamten Organismus aus, da ein hoher Blutzuckerspiegel für oxidativen Stress sorgt, der wiederum entzündungsfördernde Botenstoffe freisetzt. Übergewicht ist in diesem Fall ein zusätzlicher, proentzündlich wirkender Faktor.[55] Der vermehrte Verzehr von (in diesem Zusammenhang) problematischen Lebensmitteln kann bei entsprechender Veranlagung die Entwicklung einer Insulinresistenz, wie sie beim Typ-2-Diabetes und seinen Vorstadien auftritt, begünstigen.

Es scheint einen Zusammenhang zwischen einer Insulinresistenz und der Rosacea zu bestehen. So zeigten Rosaceapatienten im

Vergleich zur gesunden Kontrollgruppe deutlich höhere Nüchtern-Blutzucker- und Cholesterinwerte sowie einen erhöhten Blutdruck. Beide Krankheiten ähneln sich im Krankheitsgeschehen im Körper.[56,57] Wie genau hier die Zusammenhänge sind, muss noch genauer erforscht werden.

Bei einer Insulinresistenz kann das Hormon Insulin durch einen andauernd hohen Blutzucker- und Insulinspiegel nur noch vermindert oder gar nicht mehr wirken, also nicht ausreichend dafür sorgen, dass der Zucker aus dem Blut in die Zellen gelangt. Die Folge ist, dass der Zucker im Blut bleibt und so die Blutzuckerkonzentration steigt.[58] Die Insulinresistenz tritt übrigens sehr häufig bei Frauen mit einem polyzystischen Ovarsyndrom (PCOS) auf. Dies kann auch Auswirkungen auf die Haut haben.

Bedeutung für die Praxis

- Keine Sorge: Sie müssen Pasta, Reis und Co nicht von Ihrem Speiseplan streichen. Und wenn Sie ab und zu Süßspeisen essen oder zu hellem Mehl greifen, ist das auch in Ordnung. Eine im Hinblick auf die glykämische Last ausgewogene, entzündungshemmende Diät tut aber nicht nur Ihrer Haut, sondern auch dem gesamten Körper gut. Sie unterstützt die anderen Stellschrauben einer rosaceagesunden Ernährung.
- Auch in Bezug auf die möglichen Zusammenhänge zwischen Insulinresistenz und Rosacea schadet es nicht, insgesamt weniger Lebensmittel mit einer hohen glykämischen Last zu sich zu nehmen – also weniger verarbeitete Kohlenhydrate wie in Weißmehl, Nudeln, Zucker, Weißbrot oder weißem Reis oder eine Kombination aus Lebensmitteln, die eine niedrigere Last aufweist und damit den Blutzuckerspiegel weniger schnell ansteigen lässt und ihn stattdessen stabil hält. Das bedeutet, dass wir beispielsweise Nudeln (höhere glykämische Last) mit Brokkoli (niedrigere glykämische Last) solchen Speisen vorziehen sollten, die insgesamt eine höhere glykämische Last aufweisen – zum Beispiel Spaghetti mit Knoblauch und Öl.

- Von einer Diät mit reduzierter glykämischer Last profitieren auch Rosaceapatienten, die gleichzeitig eine Neigung zu Akne und/oder fettiger Haut haben.

Nahrungsergänzungsmittel

Nahrungsergänzungsmittel sollten stets in Maßen verwendet werden.

Die Diskussion darüber, ob Nahrungsergänzungsmittel sinnvoll sind, um auf die Gesundheit oder speziell auf die Rosacea einzuwirken, wird kontrovers geführt. Fest steht, dass eine Supplementierung gegebenenfalls in Maßen erfolgen sollte. Denn die Wissenschaft zeigt, dass alle Stoffe, wie auch Omega-3-Fettsäuren oder Vitamin C (das ich bereits in Bezug auf histaminreiche Lebensmittel empfohlen habe) das Potenzial haben, neben ihren entzündungshemmenden Eigenschaften unter Umständen auch entzündungsfördernd zu wirken. Die eingenommene Menge, aber auch die individuelle Ausgangssituation der Person, die sie persönlich einnimmt, sind hierbei von Bedeutung.

Ich habe gute Erfahrungen mit der Einnahme von Nachtkerzenöl-Kapseln gemacht, die die Hautfeuchtigkeit steigern und dadurch die Hautbarriere stärken. Denn eine trockene Haut ist anfälliger für Irritationen. Somit kann die Rosacea, die Anzeichen einer Barrierestörung aufweist und oft trocken ist, von diesem Nahrungsergänzungsmittel profitieren.[59,60]

Interessant dürften sicher all jene Nahrungsergänzungsmittel sein, die den Körper beim Histaminabbau unterstützen. Hier sind unter anderem das bereits erwähnte Vitamin C, Zink, Magnesium, Calcium, Schwarzkümmelöl oder auch Vitamin B6 zu nennen.

Zink macht meiner Erfahrung nach vor allem bei all jenen Betroffenen Sinn, deren Haut eher ölig ist.

Bedeutung für die Praxis

- Die abwechslungsreiche Ernährung, wie sie in diesem Buch empfohlen wird, bildet eine gute Basis für eine rosaceagesunde Lebensweise. Entscheiden Sie selbst, ob Sie diese mit Nahrungsergänzungsmitteln ergänzen möchten, und testen Sie am besten selbst aus. Im Zweifelsfall, zum Beispiel bei Vorliegen von Erkrankungen oder der Einnahme von Medikamenten, sollten Sie mit Ihrem Haus- oder Hautarzt darüber sprechen.
- Sie könnten beispielsweise Vitamin C aus natürlichen Quellen (z. B. der Acerolakirsche) und Nachtkerzenöl ausprobieren und schauen, was für Sie am besten funktioniert. Auch Zink kann einen Versuch wert sein

Lebensmittel gezielt auswählen oder meiden

Sie wissen nun, welche Faktoren auf Ihre Rosacea einwirken und was dies konkret für Ihre Ernährungsweise bedeutet. Nun wird es noch etwas konkreter: Sie erfahren, welche Lebensmittel einen Einfluss auf den Verlauf der Rosacea haben. Das hört sich erst einmal sehr kompliziert an, ist es aber nicht! Ihren neuen Speiseplan verinnerlichen Sie ganz einfach, indem Sie sich an meine Rezepte halten. In der anschließenden Testphase wird dieser dann langsam wieder erweitert.

Milchprodukte

Bei einer rosaceageeigneten Diät geht es in Bezug auf Milchprodukte in erster Linie um die Vermeidung von histaminreichem Parmesan und anderen gereiften Käsesorten sowie fermentierten Produkten wie Joghurt. Auch wenn ansonsten bislang kein direkter negativer Zusammenhang zwischen der chronisch-entzündlichen Hauterkrankung und Milchprodukten nachgewiesen werden konnte, kann ich aus eigener Erfahrung nur dazu raten, auszutesten, wie Ihre Haut auf den Verzicht dieser Speisen und Getränke reagiert. Ich persönlich habe damit sehr positive Erfahrungen gemacht. Eher unreine Haut sowie Mitesser und Pickel werden durch das Weglassen von Milchprodukten oft deutlich besser, denn die in diesen Lebensmitteln enthaltenen Wachstumsfaktoren steigern unter anderem die Talgproduktion. Das dadurch entstehende vermehrte Hautfett kann wiederum Entzündungen begünstigen.[66]

Dinkel-, Reis- und Hafermilch sind sehr gute Alternativen zur tierischen Milch. Auf Nussmilch sollten Sie histaminbedingt verzichten.

Eine sehr gute Alternative zu Milch sind Pflanzendrinks. Achten Sie aber bitte darauf, dass diesen kein Guarkern- oder Johannisbrotkernmehl – beides Histaminliberatoren – beigesetzt ist. Nuss- und Sojamilch sind aufgrund der Histaminproblematik eher ungeeignet, Milch aus Getreide eignet sich meist am besten. Auch wenn diese teils durch Fermentation gewonnen werden, sind Dinkel-, Reis- oder auch Hafermilch meine Favoriten. Sehr gerne verwende ich zudem einen hochwertigen Kokosdrink. Diesen ziehe ich der dickflüssigen Kokosmilch vor, denn sie besteht hauptsächlich aus Kokoswasser und schmeckt deshalb isotonisch, was sich für die Zubereitung von Speisen nur bedingt eignet.

Da Pflanzensahne fast immer Stoffe wie das erwähnte Johannisbrot- oder Guarkernmehl zugesetzt sind, ersetze ich sie in meinen Rezepten durch einen verträglichen Pflanzendrink und die Beigabe von Maisstärke. Wenn Sie warmes Wasser und Instant-Haferflocken mischen, erhalten Sie eine leckere Hafersahne.

Achtung: Seien Sie vorsichtig, wenn Sie „Barista"-Pflanzendrinks für die Zubereitung von Cappuccino verwenden. Hier sind manchmal Sojabohnen enthalten, die nicht gut vertragen werden.

Fleisch

Beim Verzehr von Fleisch ist für die Rosacea histaminbedingt vor allem Frische wichtig. Generell ist ein gemäßigter Fleischkonsum zu empfehlen. Bevorzugen Sie Geflügel, in Maßen sind auch Rind, Lamm oder Kalb in Ordnung. Rotes Fleisch[67,68] und auch Schweinefleisch dagegen stehen immer wieder im Verdacht, Entzündungen zu begünstigen.

Fleisch enthält Arachidonsäure, die zu den Omega-6-Fettsäuren gehört und aufgrund ihrer entzündungsfördernden Eigenschaften kontrovers diskutiert wird. Ein maßvoller Fleischkonsum, bei dem Produkte biologischer Herkunft bevorzugt werden, ist auch aus diesem Grund zu empfehlen.[69]

Für eine rosaceafreundliche Diät gilt außerdem: Je unverarbeiteter das Fleisch ist, desto verträglicher ist es. Das Räuchern, Einlegen, Pökeln oder anderweitige Verarbeiten (Hackfleisch, Wurstwaren) kann wegen der häufig beigefügten Zusatzstoffe sowie durch einen erhöhten Histamingehalt für Probleme sorgen.

Da Histamin sehr gut wasserlöslich ist und die histaminbildenden Bakterien sich vor allem an der Oberfläche des Fleisches befinden, kann man es sicherheitshalber unter fließendem kaltem Wasser abspülen. Danach wird es trocken getupft und zubereitet.

Für Fisch und Fleisch gilt: Achten Sie auf Frische.

Fisch

Auch bei Fisch ist histaminbedingt auf Frische zu achten. Besonders ungeeignet sind Thunfisch, Makrelen und Sardinen. Die meisten anderen Fischsorten, beispielsweise Wildlachs, Forelle, Kabeljau oder Wolfsbarsch, sind deutlich verträglicher. Besonders verträglich scheint Fisch aus Wildfang zu sein, da in Aquakulturen oft Soja (hoher Histamingehalt) als Futtermittel eingesetzt wird. Meeresfrüchte sind aufgrund des enthaltenen Histamins besonders problematisch.

Dosen- oder eingelegte Ware sollten Sie zunächst besser meiden. Tiefkühlware kann jedoch nach meiner Erfahrung ohne Probleme verwendet werden.

Ebenso wie beim Fleisch gilt: Wenn Sie frischen Fisch kaufen, achten Sie bei der Lagerung unbedingt auf Trockenheit, Sauberkeit und gute Kühlung. Auch ihn sollten Sie sicherheitshalber vor der

Zubereitung kurz unter fließendes kaltes Wasser halten und trocken tupfen. Lagern Sie ihn nicht bei Zimmertemperatur, da der Histamingehalt dann rasant ansteigt.

Eier

Auf Eier verzichten wir zunächst vor allem wegen ihrer mastzellenaktivierenden Wirkung. Sie sind aber ein typisches Beispiel für ein Lebensmittel, das Sie in der Testphase auf Verträglichkeit prüfen können. Viele Rosaceabetroffene haben mit Eiern keine Probleme.

Eier aus (biologischer) Freilandhaltung enthalten einen höheren Anteil an mehrfach ungesättigten Fettsäuren (z. B. die gesunden Omega-3-Fette) als solche aus Käfighaltung und sind deshalb – sowie aus ethischen Gründen – zu bevorzugen.

Butter und Öle

Da wir zunächst auf Milchprodukte verzichten wollen, kommt Butter, die zudem reichlich gesättigte Fette enthält, in meinen Rezepten für den ersten Monat nicht vor. Sie kann ohnehin meist durch Öl ersetzt werden – sogar beim Backen. Hier gilt die Faustregel: 100 Gramm Butter entsprechen zwischen 60 und 80 Gramm Öl. Achten Sie darauf, spezielles Backöl zu verwenden, da es keinen Eigengeschmack hat.

Wenn Sie in der Testphase dann Butter hinzunehmen möchten, kaufen Sie Süßrahmbutter, da in der mild gesäuerten Variante kleine Mengen an Histamin enthalten sein können. Da Butter lediglich eine geringe Bedeutung für eine rosaceagesunde Diät hat, können Sie sie generell ruhig weiterhin aufs Brot schmieren oder zum Braten verwenden. Sie hat einen Rauchpunkt von 175 °C, der beachtet werden sollte.

Zu Margarine zu greifen, weil das auf den ersten Blick die gesündere Wahl zu sein scheint, ist keine gute Idee. Im Laufe ihres Herstellungsprozesses werden flüssigen Öle verfestigt; dabei können ungesunde Transfette entstehen. Auch beim Erhitzen von Ölen über deren Rauchpunkt hinaus werden Transfette gebildet. Wie lange ein Fett der Hitze standhält, hängt von seiner Zusammensetzung ab: Je mehr gesättigte Fettsäuren es enthält, desto höher liegt der sogenannte Rauchpunkt – umso höher können also die Temperaturen sein, bei denen man das Fett erhitzt.

Margarine enthält meist ungesunde Transfette.

Pflanzliche Öle mit einem hohen Gehalt an ungesättigten Fettsäuren können bereits ab 130 °C in Transfette umgewandelt werden. Die hitzebeständigen Fette sind entsprechend reicher an gesättigten Fettsäuren. Raffiniertes Rapsöl hat je nach Quelle einen Rauchpunkt zwischen 180 °C und 205 °C, bei Kokosfett sowie bei Ghee (geklärter Butter) liegt der Wert bei etwa 205 °C. Die Pfanne sollte beim Braten also insgesamt nicht zu heiß werden. Wir wollen vermeiden, dass das Öl darin zu qualmen beginnt. Vorsicht also bei gusseisernen Pfannen, die sich schnell sehr stark erhitzen.

Entgegen der landläufigen Meinung können auch kalt gepresste Oliven- und Rapsöle zum schonenderen Braten von Gemüse oder Fisch verwendet werden. Je nach Zusammensetzung des Öls kann kalt gepresstes Rapsöl auf 130 °C bis 190 °C und kalt gepresstes Olivenöl auf etwa 130 °C bis 175 °C erhitzt werden.[70]

Sie haben also eine große Auswahl an Ölen zum Braten und Backen. Achten Sie aber darauf, dass Sie Omega-6-lastige Öle langfristig ersetzen.

Wenn Sie sich etwas Gutes tun möchten, können Sie ab und an einen Teelöffel Schwarzkümmelöl zu sich nehmen. Es wirkt antientzündlich und soll auch bei Allergien oder Asthma hilfreich sein.[71] Stellen Sie sich am besten ein Glas Wasser oder einen etwas abgekühlten verträglichen Tee bereit, um den strengen Geschmack herunterzuspülen.

Getränke

Kaffee galt früher als eher problematisch bei Rosacea. Diese Erkenntnisse wurden durch neuere Studien teilweise widerlegt beziehungsweise insofern korrigiert, als dass man inzwischen sogar einen positiven Zusammenhang zwischen dem Konsum des koffeinhaltigen Heißgetränks und der chronisch-entzündlichen Gesichtserkrankung vermutet.[72] Sie müssen also auf Ihren morgendlichen Kaffee nicht zwangsläufig verzichten. Wichtig ist nur, dass Sie verschiedene Punkte – wie zum Beispiel die erwähnte Hitzeproblematik – beachten, also das Getränk vor dem Verzehr lieber etwas abkühlen lassen. Beigaben wie Zucker oder Milch sollten Sie durch verträgliche Alternativen wie Pflanzendrinks ersetzen. Da Koffein hemmend auf das histaminabbauende Enzym Diaminoxidase wirkt, ist es dennoch ratsam, ihn in gesundem Maße zu genießen.

In Maßen genossen schadet Kaffee Ihrer Rosacea nicht.

Bei Tee greifen Sie besser nicht zu Mischungen, da die Chancen hoch sind, dass sich eine unverträgliche Sorte darunter befindet. Generell eher ungeeignet ist der histaminfreisetzende schwarze Tee, ebenso wie der histaminreiche Brennnesseltee. Empfehlen kann ich Ihnen aus eigener Erfahrung reinen Rooibostee (ohne Vanille oder andere Aromen), Kamillentee und Minztee (am besten den milderen mit Nana- bzw. Krauseminze). Auch Fencheltee, Zistrosentee oder Neemtee sind besonders verträglich.

Grüner Tee hingegen besitzt Koffein, das wie im Kaffee blockierend auf den Abbau von Histamin wirken kann. Ich persönlich vertrage ihn sehr gut und denke, dass die zahlreichen positiven Aspekte dieser Teesorte überwiegen.

Aufgrund des im Mund gefühlten Reizes beim Genuss von kohlensäurehaltigem Wasser vertragen manche Rosaceabetroffenen diese Art von Getränken nicht gut. Pures stilles Wasser (bitte ohne hinzugefügte Zitronenscheibe oder Ingwer) ist die beste Alternative. Eine Gurkenscheibe oder leicht zerdrückte Beeren wie Heidel-, Johannis- oder Brombeeren können den Geschmack etwas aufpeppen. Auf Softdrinks sollte unter anderem aufgrund des Zuckergehalts verzichtet werden.

Alkohol ist insbesondere wegen der gefäßerweiternden und entzündungsfördernden Eigenschaften eher ungeeignet. Besonders problematisch ist mit Zucker versetzter und zusätzlich warm servierter Alkohol wie Glühwein, der auch noch triggernde Gewürze sowie Zitrusfrüchte enthält. Vor allem in der ersten Zeit Ihrer Ernährungsumstellung sollten Sie auf Alkohol verzichten und danach testen, ob und wie viel Sie vertragen. Ich persönlich nehme vor dem Genuss eines Gläschens Weins – meist trinke ich den für mich besser verträglichen Weißwein – Heilerdegranulat oder Zeolith ein, welche das Histamin und andere Giftstoffe binden. Dadurch vertrage ich den Wein um einiges besser.

Fertigspeisen

Auf Fertigspeisen sollte in der Karenzzeit generell verzichtet werden, da diese meist Zutaten enthalten, die einen Schub auslösen können, ohne dass der Betroffene eine Verbindung erkennt. Denn auch Konservierungs- und Zusatzstoffe sind in Bezug auf Histamin und die Darmgesundheit als eher negativ einzustufen. Sie wirken auf das Darmmikrobiom ein[73] und sind teils auch im Zusammenhang mit Histamin problematisch.

> Fertigspeisen lösen sehr häufig einen Schub aus.

Bei Pulver, beispielsweise für die Zubereitung von Gemüsebrühen, sollte man besonders auf hefeextrakt- beziehungsweise glutamatfreie Produkte achten. Optimalerweise finden sich in den Inhaltsstoffen auch keine Tomaten oder andere histaminproblematische Lebensmittel wie Pfeffer. Sollte doch etwas davon enthalten sein, muss das nicht zwingend zu Rosaceasymptomen führen. Ich selbst meide zwar Brühepulver mit Hefeextrakt konsequent, verwende aber ohne Probleme eines, in dem sehr geringe Mengen an Tomaten und Pfeffer enthalten sind. Besser ist es aber, wenn Sie ein Produkt ohne diese Zutaten finden. Alternativ gibt es die Möglichkeit, Brühen selbst zuzubereiten.

Getreide, Reis und Nudeln

Manchen Rosaceabetroffenen bereitet die Hefe in Backwaren Schwierigkeiten, weswegen wir in meinen Rezepten für die Karenzzeit darauf verzichten. Danach können Sie hefehaltiges Brot und Brötchen beim Bäcker kaufen oder selbst zubereiten und auf die individuelle Verträglichkeit testen.

Ich rate Ihnen dazu, in der Bäckerei nach einer Zutatenliste zu fragen und darauf zu achten, ob beispielsweise (nach meiner Erfahrung) unverträglicher Sauerteig, Buchweizenmehl oder Sonnenblumenkerne beigefügt sind. Aufgrund der enthaltenen Ballaststoffe und der eher niedrigen glykämischen Last sind Vollkornprodukte allgemein zu bevorzugen.

Ob man sich glutenfrei ernähren sollte oder nicht, ist schwer zu beantworten. Ein Zusammenhang zwischen Rosacea und Gluten oder den sogenannten Amylase-Trypsin-Inhibitoren (ATIs) wurde noch nicht nachgewiesen. Bei Letzteren handelt es sich um Eiweiße glutenhaltiger Getreidesorten, insbesondere Weizen, die ihn resistenter und ertragreicher machen. Es wird vermutet, dass diese Eiweiße eine der Ursachen für eine Nicht-Zöliakie-Nicht-Weizenallergie-Weizensensitivität sind. Das bedeutet, dass jemand empfindlich auf Weizen reagiert, aber nicht direkt unter einer Zöliakie oder einer Weizenallergie leidet.

Bei Mäusen, die eine ATI-haltige Diät entsprechend dem täglichen menschlichen Konsum an Weizen erhielten, zeigte sich eine verstärkte Mastzellaktivierung,[74] also eine Aktivierung jener Zellen, die Entzündungsbotenstoffe wie Histamin freisetzen. Dies kann chronisch-entzündliche Krankheiten wie Rheuma oder Morbus Crohn verschlechtern. Aber auch beim Reizdarm, unter dem auch einige Rosaceabetroffene leiden,[75] könnten diese ATIs somit von Bedeutung sein.

Falls Sie bei sich einen Zusammenhang zwischen glutenhaltigem Getreide und auftretenden, stärkeren Darm- und Hautsymptomen vermuten, verwenden Sie wenn möglich glutenfreie Alternativen zu den in diesem Buch vorgeschlagenen Zutaten. Meiden Sie dabei potenziell triggernde Mehle wie Buchweizenmehl. Auch Gerste und Malz sind in Bezug auf Histamin problematisch.

Obst und Gemüse

Obst und vor allem Gemüse sind ein wichtiger Baustein unserer Ernährung, auf den wir nicht verzichten sollten. Früchte sind überdies eine gesunde Alternative zu Süßigkeiten. Ich nasche zwischendurch gerne eine kleine Handvoll Heidelbeeren oder einen Apfel zusammen mit verträglichen Nüssen und Saaten.

Achten Sie bei der Auswahl von Obst und Gemüse auf histaminarme Sorten und triggernde Faktoren wie Schärfe. Verzichten sollten Sie auf verarbeitetes Obst in Konserven beziehungsweise solches, das stark gezuckert und histaminreich ist. Auch frischem Gemüse sollten Sie jenem aus der Dose den Vorrang geben.

Fruchtmus ohne Zuckerzusatz können Sie in der Testphase ausprobieren. Achten Sie aber auf verträgliche Sorten.

Salz, Pfeffer und andere Gewürze

Der Verzicht auf Pfeffer ist hier sicherlich als Erstes zu nennen – ich selbst reagiere sehr stark darauf. Auch wenn es für Sie momentan noch undenkbar erscheinen mag: Man kann wunderbar ohne Pfeffer kochen. Ich vermisse ihn nicht.

Was weitere Gewürze angeht, orientieren Sie sich bitte an den im Kapitel „TRP-Kanäle" beschriebenen Hinweisen zu TRP-Aktivatoren und meiden solche, die im Zusammenhang mit Histamin für Probleme sorgen könnten. Übrigens spielt es für die Rosacea keine Rolle, ob die Gewürze frisch oder getrocknet sind.

> Es macht für die Rosacea keinen Unterschied, ob Gewürze frisch oder getrocknet sind.

Essig

Die meisten Essigsorten stuft die Schweizerische Interessengemeinschaft Histamin-Intoleranz als eher unverträglich ein – Branntweinessig und Essigessenz werden noch als am besten verträglich eingestuft. Ich habe die besten Erfahrungen mit Apfelessig gemacht und verwende ihn entsprechend in meinen Rezepten. Sie können ihn bei Bedarf selbstverständlich ersetzen.

Süßungsmittel

Wer isst nicht gerne süß oder verzichtet freiwillig auf den Löffel Zucker in seinem Kaffee? Auch in vielen pikanten Rezepten sorgt etwas Süße für einen runden Geschmack.

Süße gehört in Maßen zur Ernährung dazu, ist für Menschen mit Rosacea aber kein einfaches Thema. Aus eigener Erfahrung möchte ich Ihnen davon abraten, den üblichen Haushaltszucker, Puderzucker oder auch Rohrzucker zu verwenden. Diese sorgen bei mir zuverlässig für Schübe. Andere Süßungsmittel, wie beispielsweise Ahornsirup – mein persönlicher Favorit –, vertrage ich sehr gut. Sehr selten nehme ich Kokosblütenzucker, mit dem ich auch gut klarkomme, oder Honig. Bei Letzterem bin ich mir allerdings immer noch nicht ganz sicher, ob ich ihn wirklich gut vertrage. Dasselbe gilt für Agavendicksaft und Reissirup, der mittels Fermentation aus gekochtem Reis gewonnen wird. Probieren Sie auch hier am besten nach der Karenzphase in Ruhe und ganz bewusst aus, was bei Ihnen gut funktioniert und auf welche Varianten Sie besser verzichten sollten.

Wie gesagt ist und bleibt Ahornsirup mein Favorit, den ich besser als alle anderen Süßungsmittel vertrage und auch in einigen meiner Rezepte verwendet habe. Auch wenn ich hierzu keine wissenschaftliche Studie parat habe, kann ich Ihnen nur ans Herz legen, diesen auch einmal auszuprobieren. Achten Sie beim Kauf unbedingt darauf, dass kein Zucker beigesetzt wurde.

Nüsse und Hülsenfrüchte

Aus Histamingründen sollten Sie nach Möglichkeit auf Nüsse verzichten. Lediglich die eher kostspieligeren Macadamias und Pistazien sowie die selenhaltigen Paranüsse (nur eine am Tag verzehren) oder auch Erdmandeln (eigentlich Wurzelknollen) sind eine Option. Ob, in welcher Form und in welchen Maßen Sie Nüsse vertragen, können Sie in der Testphase ausprobieren.

Hülsenfrüchte fehlen aufgrund der Histaminproblematik komplett in meinen Rezepten. Meiner Erfahrung nach können Sie deren Verträglichkeit nach der Karenzphase langsam austesten. Manche Betroffene reagieren stark auf sie (vor allem auf fermentierte Produkte, wie zum Beispiel Tempeh), andere wiederum gar nicht.

Snacks und Süßwaren

Die meisten gekauften Snacks und Süßwaren sind eher unverträglich. Besonders in der Karenzphase rate ich Ihnen, darauf zu verzichten, insbesondere wenn Sie noch nicht richtig einschätzen können, wie stark Sie auf was reagieren.

> Ein paar Chips – möglichst pur und ohne beigefügtes Milchpulver, Zucker oder andere problematische Zutaten – sind von Zeit zu Zeit okay.

In Schokoladenprodukten enthaltene Nüsse können neben Zucker, Milch und Kakao (er enthält biogene Amine, die ähnliche Beschwerden wie histaminhaltige Lebensmittel hervorrufen) für Probleme sorgen. Leider sind Pralinen sowie Schokoladentafeln oder -riegel echte Trigger-Snacks, die man sich je nach Verträglichkeit am besten eher selten gönnt. Manche vertragen vegane Schokoladen besser – natürlich nur in Maßen verzehrt. Es gibt auch Varianten mit Kokosblütenzucker, der für einen herrlich karamelligen Geschmack sorgt. Weiße Schokolade wird manchmal ebenfalls besser vertragen. Auch hier besteht aber die Zucker- und Milchproblematik.

Carobpulver ist ein Histaminliberator und deshalb nicht als Schokoladenersatz geeignet. Ob Sie getrocknete Früchte vertragen – natürlich nur solche, die sich im Zusammenhang mit einer rosaceafreundlichen Diät eignen –, testen Sie am besten selbst. Ich persönlich vertrage sie zum Glück recht gut, denn sie sind ein sehr guter Süßigkeitenersatz, wenn einen doch mal der Heißhunger packt.

Auswärts essen

Auf das Essen in Restaurants müssen Sie nicht verzichten, denn nach der Lektüre dieses Buches werden Sie schon beim ersten Blick auf die Karte grob einordnen können, welche Speisen am ehesten für Sie geeignet sind. Wenn Sie unsicher sind und Ihre größten Trigger ausschließen wollen, fragen Sie nach einer Allergenliste oder lassen Sie den Kellner in der Küche nachfragen. In Bäckereien liegen übrigens öfter einmal Zutatenlisten aus oder können angefordert werden.

Auswärts sollten Sie milde Gerichte bevorzugen.

Allgemein sind eher Landesküchen geeignet, die auch milde Gerichte im Repertoire haben, wie die italienische Küche, und die nicht zu stark auf Hülsenfrüchte und triggernde Gewürze setzen.

Pizza sollten Sie in der ersten Zeit besser nicht bestellen. Oft wird Sauerteig für den Boden verwendet, der eigentlich ein Qualitätsmerkmal ist, bei Rosaceapatienten aber meiner Erfahrung nach histaminbedingt Schübe auslösen kann. Auch auf Zutaten wie Tomaten, (Parmesan-)Käse oder die Extraprise Pfeffer verzichten Sie besser.

Auch wenn es zur Geselligkeit dazugehört: Genießen Sie Alkohol besser nur in Maßen, da dieser für eine erhöhte Histaminempfindlichkeit sorgt und generell nicht rosaceafreundlich ist.

Für die Mittagspause im Büro gilt es, gut vorbereitet zu sein, damit Sie nicht aus Mangel an rosaceagesunden Alternativen zu triggerndem Essen aus der Kantine, umliegenden Restaurants oder dem Supermarkt greifen müssen. Einige der in meinem Buch vorgestellten Gerichte lassen sich gut zubereiten und mit zur Arbeit nehmen.

Andere Ernährungsmodelle

Mir ist bewusst, dass es zahlreiche Ernährungsmodelle gibt, die eine positive Auswirkung auf die Gesundheit und manchmal auch ganz konkret auf die Rosacea versprechen. Nach allem, was ich recherchiert und am eigenen Leib erfahren habe, sind spezielle Ernährungsstile, wie zum Beispiel der ayurvedische, nur bedingt dazu geeignet, die Rosacea zu behandeln. Die Behandlung einer chronisch-entzündlichen Hauterkrankung benötigt ein Konzept, das die zahlreichen Faktoren, von denen eine Verschlechterung abhängt, berücksichtigt. Das kann nur gelingen, wenn das Ernährungsmodell die Rosacea in den Fokus stellt.

Schöner Nebeneffekt der rosaceagesunden Ernährung: Wer unter Übergewicht leidet, kann durch moderate Bewegung und eine Anpassung der Ernährungsweise, wie sie durch eine rosaceagesunde Diät zwangsläufig geschieht, positive Effekte erzielen. In einer Studie wurde ein Zusammenhang zwischen dem Auftreten der Rosacea und einem höheren BMI (größer/gleich 35) festgestellt. Dabei war vor allem der Taillen- und Hüftumfang relevant.[76]

Unverträglichkeiten identifizieren

Während wir in der Karenzphase versuchen, die genannten problematischen Lebensmittel zu meiden, geht es in der Testphase darum, zu erkennen, ob wir ein bestimmtes Lebensmittel nicht gut vertragen. Bei manchen Speisen ist es eindeutiger als bei anderen. So werden Sie beim Verzehr von Scharfem oder sehr Heißem recht schnell merken, wie Ihnen die Röte ins Gesicht steigt. Entsprechend können Sie dann austesten, ob Sie Ihre Mahlzeit besser vertragen, wenn Sie sie das nächste Mal weniger scharf würzen oder den Tee vor dem ersten Schluck etwas abkühlen lassen.

Bei histaminhaltigen Speisen oder Getränken wie Tomaten oder Rotwein kann es sich etwas komplizierter gestalten, die Zusammenhänge zwischen Nahrungsmitteln und aufkommenden

Pusteln, Rötungen und Co, aber auch anderen Symptomen wie Durchfall oder Herzrasen zu erkennen. Der Grenzwert, ab dem sich Symptome zeigen, ist bei jedem unterschiedlich hoch und auch die Gesamtsituation muss dabei berücksichtigt werden.

Manche Trigger sind einfacher als andere zu identifizieren.

Auch scheinbar triviale Situationen haben das Potenzial, triggernd zu wirken. So kann ein groß angelegter Hausputz mit verschiedenen, stark riechenden Putzmitteln ebenso triggernd sein wie staubige Kellerentrümpelungen oder das lange Sitzen unter einer hellen, warmen Lampe.

Ein negativer Effekt ergibt sich außerdem, wenn viele potenziell triggernde Speisen an einem Tag verzehrt wurden – vor allem histaminhaltige Gerichte. Der eine Löffel Tomatenpesto könnte dann das Fass zum Überlaufen bringen, obwohl es in der vorangegangenen Woche noch hervorragend vertragen wurde – da fehlten aber das Glas Rotwein und die Pizza zum Mittagessen. Dies spielt vor allem dann eine Rolle, wenn Sie nach der Karenzzeit langsam anfangen, solche Lebensmittel auf ihre Verträglichkeit zu testen, auf die Sie in dem Rezeptteil dieses Buches noch verzichten – wie zum Beispiel Tomaten in jeglicher Form.

Generell empfehle ich Ihnen, zunächst auf triggernd wirkende Lebensmittel zu verzichten, auch wenn Sie fest davon überzeugt sein sollten, sie eigentlich bestens zu vertragen. Auch, wenn nach dem Verzehr kein direkt einsetzender Flush auftreten mag, kann es sich trotzdem langfristig negativ auf Ihre Haut auswirken

Falls Sie einmal wirklich nicht darauf kommen, welches Lebensmittel bei Ihnen eine Verschlechterung ausgelöst haben könnte, dann bleiben Sie ruhig und gehen Sie die Trigger und Tipps durch, die ich ab Seite 41 beschrieben habe. Zudem können Sie einen Blick auf die erwähnte hilfreiche Liste zum Thema „histamin- und mastzellentriggernde Lebensmittel“ der Schweizerischen Interessengemeinschaft Histamin-Intoleranz werfen.[77]

Bedenken Sie zudem immer: Eine Ernährungsumstellung selbst ist mit Stress verbunden. Achten Sie also in dieser Zeit besonders gut

auf sich, ziehen Sie sich bei Bedarf zurück, meditieren Sie und machen Sie Spaziergänge an der frischen Luft. Machen Sie all das, was Ihnen und Ihrer Haut guttut.

Wirkungsvoll gegen Rötungen, Pusteln und Co

Eine wichtige Frage, die noch zu klären ist, betrifft den Umgang mit Symptomen, die möglicherweise in der Testphase und auch danach auftreten können. Meiner Erfahrung nach zeigt sich die charakteristische, länger anhaltende Röte zum Beispiel direkt nach dem Genuss von Heißem oder Scharfem. Wie lange sie anhält und ob Pusteln dazukommen, hängt unter anderem vom jeweiligen Typ der Rosacea ab und davon, ob weitere negative Faktoren die Manifestation eines Schubes begünstigen.

Ein Beispiel: Pflegen Sie Ihre Haut typgerecht und essen Sie abgesehen von diesem einen Ausrutscher rosaceagesund, dann kann es sein, dass der Flush nach einer eher suboptimalen Mahlzeit schnell wieder abflaut. Im umgekehrten Fall kann es sein, dass die Rötungen bei Nichtbeachtung einer entsprechenden Diät hartnäckig bestehen bleiben und sich innerhalb kurzer Zeit vielleicht sogar Pusteln zu den erweiterten Äderchen gesellen. Wenn ich von einer typgerechten Pflege spreche, meine ich damit reizarme, minimalistisch formulierte Produkte, die ohne Parfüm und abdichtende Fette oder Öle konzipiert sind.

Wenn Sie einmal den Fokus auf Ihre Ernährung richten, wird Ihnen schnell auffallen, wann und wie sich triggernde Speisen auf Ihre Rosacea auswirken und wie konsequent Sie ernährungstechnisch darauf reagieren müssen, um den Schub im Keim zu ersticken.

> Es ist oft sehr viel leichter, durch entsprechende Maßnahmen einem Schub vorzubeugen, als diesen wieder zu beenden.

Wenn ich eine wenig rosaceafreundliche Mahlzeit gegessen habe und spüre, dass die Hitze langsam in die Wangen kriecht, dann kühle ich gern meine Ohren, Schlüsselbeine und Armbeugen. Nur in Ausnahmefällen verwende ich für das Gesicht einen Sprühnebel aus ph-hautneutralem, destilliertemWasser, um die

Haut zu beruhigen. Warum ich darauf verzichte, auch wenn es oft empfohlen wird? Beim Verdunsten trocknet das Wasser die Haut aus und macht ihre Barriere so langfristig anfälliger für Irritationen. Deshalb versuche ich, die wohltuende, frische Kühle anderweitig zu erzeugen. Dies kann z. B. – bei entsprechenden Temperaturen – ein kurzer Gang ins Freie oder das Trinken einiger Schlucke kühlen Wassers sein. In jedem Fall gilt: Bleiben Sie ruhig! Denn wenn Sie beginnen, sich in die auftretenden Hitzegefühle hineinzusteigern, dann befeuern Sie den Prozess nur, indem Sie Stress verursachen, und geraten so in einen Teufelskreis.

Motiviert bleiben lohnt sich!

Wenn Sie das erste Mal merken, wie positiv sich die Ernährungsumstellung auf Ihre Rosacea auswirkt, ist die Motivation, diese Diät durchzuhalten, noch hoch: Sie merken, dass Sie etwas bewirken können und der chronisch-entzündlichen Erkrankung nicht mehr hilflos ausgeliefert sind.

Mit der Zeit kann es sein, dass diese Begeisterung etwas nachlässt – das ist völlig normal. Die eher restriktive Diät zu Beginn der Ernährungsumstellung ist nicht unbedingt als langfristiges Konzept angelegt. Wenn sich nun aber nach der Karenzphase eine eher rosaceaunfreundliche Ernährungsweise wieder in Ihren Alltag einschleicht, werden Ihnen einsetzende Schübe, die Sie in dieser Intensität vielleicht schon einige Zeit nicht mehr hatten, zeigen, dass gerade etwas nicht mehr so gut läuft wie zuvor. Dies mag möglicherweise die Motivation stärken, wieder konsequenter den Empfehlungen und Rezepten in diesem Buch zu folgen.

Früher oder später werden Sie sich die Frage stellen, ob Sie wirklich bereit sind, Ihr ganzes Leben – inklusive der Ernährung – Ihrer Hautkrankheit anzupassen. Lassen Sie mich dazu ein paar Worte sagen: Zuerst einmal bestimmen Sie selbst, wie stark Sie sich einschränken lassen wollen. Sie bestimmen auch den Moment, ab dem Sie mit Ihrer Haut zufrieden sind. Zudem kann ich Ihnen aus eigener Erfahrung sagen, dass sich Schübe oder kleinere Auswirkungen durch Ausrutscher umso leichter aufhalten lassen, je länger Sie eine rosaceafreundliche Ernährung praktizieren – auch wenn es nur eine grobe Ausrichtung sein sollte. Die Belohnung für eine an den Grundsätzen einer rosaceafreundlichen Diät ausgerichtete Ernährung ist also nicht nur eine kurzfristige. Denken Sie an die Analogie mit der Bank, in die Sie einzahlen und dafür in schlechten Zeiten belohnt werden. Sie haben es in der Hand – tun Sie sich diesen Gefallen!

Wenn bei mir noch Flushs auftreten, halten sie sich recht kurz. Auch Pusteln treten nur noch dann auf, wenn ich es über mehrere Tage mit einer rosaceaunfreundlichen Diät stark übertrieben habe. Das Gute ist aber, dass diese Symptome nach maximal zwei Tagen wieder verschwunden sind, wenn ich direkt interveniere und meine Ernährung konsequent für einige Tage anpasse. Kein Vergleich also zu den Schüben, die früher unkontrolliert kamen und sich über Wochen hielten.

66 HAUTFREUNDLICHE REZEPTE

Sie haben die theoretischen Grundlagen der rosaceagesunden Ernährung kennengelernt. Nun wird es höchste Zeit, sich dem praktischen Teil dieses Buches zu widmen und am eigenen Leib zu erfahren, wie gut sich Hautsymptome durch geeignete Speisen beeinflussen lassen. Bitte bereiten Sie die Rezepte im ersten Monat, der Karenzphase, genau nach der Zutatenliste zu. Später, in der Testphase, können Sie gezielt Lebensmittel ergänzen und auf ihre Verträglichkeit testen.

FRÜHSTÜCK

Dinkelbrötchen aus der Muffinform

Für 12 Stück

Zubereitungszeit: 10 Minuten
Backzeit: 20 Minuten

Zutaten

500 g Dinkelvollkornmehl
1 EL Leinsamen
1 Päckchen Backpulver
1–1½ TL Salz
200 ml Dinkel- oder Haferdrink
200 ml Wasser
30 g Olivenöl
1 TL Olivenöl zum Einfetten
1 EL Chiasamen
1 EL Haferflocken

Außerdem

Muffinblech

TIPP

Kann auch als Brot zubereitet werden. Dann muss die Backzeit entsprechend verlängert werden.

Zubereitung

Den Backofen auf 230 °C (Umluft) vorheizen. Ein Schälchen mit heißem Wasser hineinstellen.

Alle trockenen Zutaten in einer großen Schüssel mischen. Anschließend die feuchten Zutaten (inklusive Öl) hinzugeben und den Teig gut verkneten.

Die Mulden eines Muffinblechs mit Öl ausstreichen. Dabei auch die Oberseite des Blechs nicht vergessen, da die Brötchen ansonsten dort hängen bleiben können, wenn sie aufgehen.

Den Teig mithilfe von feuchten Esslöffeln in die Förmchen des Muffinblechs geben. Mit Chiasamen und Haferflocken bestreuen und diese leicht festdrücken.

Auf ein Gitter auf die mittlere Schiene des Backofens stellen und 10 Minuten backen.

Anschließend ausprobieren, ob man sie gut herausnehmen kann. Wenn die Brötchen nicht auseinanderfallen, die Muffinform aus dem Ofen nehmen.

Die Brötchen aus der Form herauslösen und das Gitter im Backofen mit Backpapier auslegen. Die Brötchen darauf weitere 10 Minuten backen. Anschließend auskühlen lassen.

Frucht pur – „Marmelade“ oder Fruchtkompott

Für 1 Glas (ca. 300 g)

Zubereitungszeit: 20 Minuten

Zutaten

250 g Brom- oder Heidelbeeren, frisch oder TK
2 EL Ahornsirup
1 gehäufter EL Chiasamen

Außerdem

1 Schraubglas

Zubereitung

Die Beeren, wenn sie frisch sind, waschen. Wenn sie gefroren sind, auftauen und etwas abtropfen lassen.

Anschließend zusammen mit dem Ahornsirup in einen Topf geben und 2–3 Minuten köcheln lassen.

Etwas abkühlen lassen. Dann mit einem Stabmixer pürieren, die Chiasamen unterrühren und ggf. mit mehr Ahornsirup abschmecken.

In ein Schraubglas füllen und im Kühlschrank mindestens 15 Minuten quellen lassen.

TIPP

Die Chia-Marmelade hält sich im verschlossenen Glas ca. 3–4 Tage im Kühlschrank.

Zucchini-Oats („Zoats“)

Für 1 Portion

Zubereitungszeit: 15 Minuten

Zutaten

200–250 ml Dinkel- oder Haferdrink
30 g Zucchini
40 g Haferflocken
1 EL Leinsamen
2 TL Ahornsirup
1 EL Kokosraspel
1 EL Chiasamen
1 Handvoll Heidelbeeren, Brombeeren, Johannisbeeren, Äpfel, Kaki, Macadamia- und/oder Paranüsse

Zubereitung

Den Pflanzendrink in einen Topf geben und erhitzen.

Währenddessen die Zucchini waschen und mit einer Küchenreibe fein reiben. In den Topf geben und aufkochen. 2–3 Minuten köcheln lassen.

Die Haferflocken und die Leinsamen unter ständigem Rühren mit in den Topf geben und für weitere 2–3 Minuten köcheln. Gegebenenfalls die Konsistenz durch die Zugabe von Haferflocken bzw. Pflanzendrink anpassen.

Mit Ahornsirup süßen und in eine Schüssel geben. Mit Kokosraspeln, Chiasamen und gewaschenen Früchten und/oder Nüssen garnieren.

Grüner Smoothie

Für ca. 1,5 l

Zubereitungszeit: 5 Minuten

Zutaten

3 rohe Brokkoliröschen
2 Äpfel (z. B. Boskoop)
1 Handvoll Feldsalat
1 Handvoll Heidelbeeren, frisch oder TK
½ Gurke
1 EL Petersilie, getrocknet
2 Grünkohlblätter
1 EL Leinöl
400–500 ml Kokosdrink (kein Kokoswasser)
500 ml Wasser

Außerdem

Standmixer

Zubereitung

Zutaten ggf. waschen und grob schneiden. Alles in einen Mixer geben und für etwa eine Minute gut mixen.

TIPP

Zum Pürieren wird ein Hochleistungsmixer empfohlen.

Hafer-Dinkel-Brot

Für 1 Brot

Zubereitungszeit: 20 Minuten
Backzeit: 75 Minuten

Zutaten

3 EL Kürbiskerne
350 g Dinkelvollkornmehl
150 g Hafervollkornmehl
2 EL Maisstärke
4 TL Flohsamenschalen
2 gestrichene TL Salz
5 g Natron
2 EL Leinsamen
340 ml lauwarmes Wasser
2 EL Olivenöl
4 EL Apfelessig
1 EL Haferflocken und 1 EL Dinkelgrieß zum Bestreuen

Außerdem
Kastenform

Zubereitung

Den Backofen auf 200 °C (Ober-/Unterhitze) vorheizen und ein Schälchen mit heißem Wasser hineinstellen.

Die Kürbiskerne hacken und alle trockenen Zutaten in einer großen Schüssel mischen. Feuchte Zutaten (außer dem Essig) dazugeben. Alles gut verkneten. Kurz vor dem Backen den Essig dazugeben und erneut durchkneten.

Den Teig in eine gefettete oder mit Backpapier ausgelegte Kastenform geben. Mit Haferflocken und Dinkelgrieß bestreuen und leicht andrücken. Die Oberseite längs einritzen.

Das Brot für 25 Minuten auf ein Gitter ins untere Drittel des Backofens stellen. Anschließend aus der Backform nehmen und bei 180 °C (Ober-/Unterhitze) für weitere 30 Minuten backen. Dann den Laib auf den Kopf drehen und weitere 20 Minuten backen.

Am Ende der Backzeit den Klopftest machen. Dazu mit dem Knöchel auf die Unterseite des Brotes klopfen. Wenn es hohl klingt, ist das Brot durchgebacken. Auf einem Gitter vollständig auskühlen lassen.

TIPP

Wenn Sie zwischendurch immer mal wieder Wasser in den Ofen sprühen, wird das Brot knuspriger.

Vegane Pancakes

Für ca. 4 mittelgroße Pancakes

Zubereitungszeit: 30 Minuten

Zutaten

250 g Dinkelmehl, Type 630
1 EL Backpulver
½ TL Salz
75 ml Ahornsirup
1½ EL Olivenöl
250 ml Dinkel- oder Haferdrink
ca. 50 ml (Sprudel-)Wasser
2 EL Raps- oder Kokosöl zum Braten

Alternativen zum Garnieren

1 Handvoll frische Heidelbeeren
3 EL Chia-Marmelade
2 EL Ahornsirup

Zubereitung

Alle trockenen Zutaten in einer Schüssel mischen. Die feuchten Zutaten dazugeben und alles mit einem Schneebesen vermengen.

Etwas von dem Öl in eine beschichtete Pfanne geben und diese auf mittlerer Stufe erhitzen. Ein wenig Teig hineingeben und verteilen. Der erste Pfannkuchen braucht etwa 5 Minuten von jeder Seite.

Erst wenden, wenn der Teig oben Bläschen wirft. Vor dem Wenden wieder etwas Öl in die Pfanne geben. Die nächsten Pfannkuchen brauchen weniger Zeit.

Die Pfannkuchen nach dem Ausbacken auf Tellern verteilen und mit Beeren, Chia-Marmelade oder Ahornsirup garnieren.

TIPP

Wenn der Teig zu dickflüssig ist, kann noch etwas Wasser hinzugegeben werden. Seine Konsistenz sollte so sein, dass er sich in der Pfanne problemlos verteilen lässt.

Knuspriges Ofen-Granola

Für ca. 6 Portionen

Zubereitungszeit: 10 Minuten
Backzeit: 20 Minuten
Auskühlzeit: 20 Minuten

Zutaten

50 g Kürbiskerne
50 g Kokoschips
30 g Quinoa, gepufft
280 g Haferflocken
3 EL Leinsamen
3 EL Chiasamen
½ TL Salz
70 g Olivenöl
120 g Ahornsirup
Außerdem
Backpapier

Zubereitung

Den Backofen auf 180 °C (Ober-/Unterhitze) vorheizen. Ein Backblech mit Backpapier auslegen.

Kürbiskerne grob hacken. Mit allen anderen Zutaten in eine große Schüssel geben und mit einem Kochlöffel gut vermischen.

Das Granola auf dem Backblech verteilen und im Ofen ca. 10 Minuten backen. Dann wenden und nochmals ca. 10–13 Minuten backen, bis es goldbraun ist.

Bei Raumtemperatur ca. 20 Minuten abkühlen lassen. Dabei wird es erst knusprig.

TIPP

Das Granola hält sich in einem geschlossenen Behältnis etwa zwei Wochen und eignet sich perfekt als Süßigkeitenersatz.

Grießbrei mit Fruchtsauce

Für 2 Portionen

Zubereitungszeit: 15 Minuten

Zutaten

150 ml reinen, ungesüßten (Direkt-)Saft, z. B. Cranberry, Holunder, Heidelbeere, Schwarze Johannisbeere, Traube
1 EL Maisstärke
je nach Süße des Saftes: etwas Ahornsirup
400 ml Dinkel- oder Haferdrink
60 g Dinkelgrieß
½ TL Salz
2 EL Ahornsirup

Zubereitung

Etwa 4 EL Fruchtsaft mit der Speisestärke verrühren. Den restlichen Fruchtsaft erhitzen und sobald er kocht, die Speisestärkemischung mit einem Schneebesen einrühren. Kurz aufkochen lassen, bis die Masse eindickt. Anschließend ggf. mit Ahornsirup süßen und beiseitestellen.

Für den Grießbrei Pflanzendrink erhitzen und Dinkelgrieß einstreuen. Unter ständigem Rühren bei mittlerer Hitze eindicken lassen. Anschließend Salz und Ahornsirup hinzufügen.

Den Grießbrei in Schälchen füllen und mit Fruchtsauce übergießen.

TIPP

Um das Frühstück etwas reichhaltiger zu gestalten, geben Sie ein paar verträgliche Früchte (zum Beispiel Äpfel oder Heidelbeeren) auf den Grießbrei. Auch gehackte, rosaceageeignete Nüsse passen sehr gut. Der Grießbrei eignet sich übrigens auch prima als Dessert.

Overnight-Oats mit Karotte und Apfel

Für 1 große/2 kleine Portionen

Zubereitungszeit: 5 Minuten
Einweichzeit: über Nacht

Zutaten

40 g Karotten
¼ Apfel
100 g Haferflocken
1–2 EL Kokosflocken
1 EL Chiasamen
240 ml Dinkel- oder Haferdrink
1 EL natives Rapsöl
1–2 EL Ahornsirup
1 Handvoll Heidel- oder Brombeeren

Zubereitung

Karotten und Apfel fein raspeln. Mit den restlichen Zutaten vermischen und über Nacht in den Kühlschrank stellen.

Morgens mit den gewaschenen Beeren garnieren.

Roter Smoothie

Für ca. 1 Liter

Zubereitungszeit: 7 Minuten

Zutaten

350 ml Weißer Tee (ca. 1–2 Teebeutel)
1 Apfel
2 Selleriestangen
1 Passionsfrucht
200 g rote Trauben mit Kernen
2 Radicchioblätter
300 ml Kokosdrink (kein Kokoswasser)
1–2 TL Ahornsirup
Außerdem
Standmixer

Zubereitung

Tee aufkochen (80 °C) und für 2 Minuten ziehen lassen. Anschließend abkühlen lassen.

Apfel und Sellerie waschen und grob schneiden. Die Passionsfrucht aufschneiden und das Fruchtfleisch herauslösen. Trauben waschen und von den Stilen pflücken.

Alle Zutaten zusammen in einen Mixer geben und für einige Minuten cremig pürieren. Dann nach Bedarf mit Ahornsirup süßen.

TIPP

Zum Pürieren wird ein Hochleistungsmixer empfohlen.

HAUPTGERICHTE

SALATE UND SUPPEN

Grüner Quinoasalat mit Kürbiskernöl

Für 4 Portionen

Zubereitungszeit: 45 Minuten

Zutaten

200 g Quinoa
400 ml Wasser
2 TL Gemüsebrühepulver (ohne Hefeextrakt)
200 g Zuckerschoten
350 g Brokkoli
150 g Zwiebeln
2 Knoblauchzehen
2 EL Olivenöl
500 g Hühnchenbrustfilet
¼ TL Salz
1 EL Olivenöl

Für das Dressing

2 EL Apfelessig
40 g Kürbiskernöl
¼ TL Salz
½ TL Kurkumapulver
1 TL Ahornsirup
½ Bund Petersilie

Zubereitung

Quinoa waschen und in kaltem Wasser aufsetzen. Aufkochen lassen und das Gemüsebrühepulver hinzufügen. Deckel auf den Topf setzen und 15–20 Minuten köcheln lassen. Die Quinoa kann am Ende ruhig noch leichten Biss haben. Nach Ende der Kochzeit von der Platte nehmen und mit Deckel 5 Minuten lang quellen lassen.

Derweil die Zuckerschoten und den Brokkoli waschen. Die Spitzen der Zuckerschoten entfernen und den Rest quer halbieren. Brokkoli in feine Röschen teilen. Zwiebeln und Knoblauchzehen schälen und fein hacken. Öl in einer Pfanne erhitzen und Zwiebeln, Knoblauch sowie Brokkoli hinzugeben. Bei mittlerer Hitze 10 Minuten braten. Dann die Zuckerschoten dazugeben und ca. 6 Minuten braten.

Derweil die Hühnerbrust waschen und trocken tupfen. In mundgerechte Streifen schneiden und salzen. Olivenöl in einer Pfanne erhitzen und die Hähnchenstreifen darin garen. Anschließend in einer Schüssel beiseitestellen, mit Alufolie abdecken.

Alle Zutaten für das Dressing gut schütteln oder verquirlen, sodass der Inhalt leicht emulgiert.

Die Petersilie waschen und fein hacken. Quinoa, Gemüse und Hühnchen in eine große Schüssel geben, mit Dressing und Petersilie garnieren und servieren.

Buddha Bowl mit Tahin-Dressing

Für 4 Portionen

Zubereitungszeit: 45 Minuten

Zutaten

280 g Vollkorn-Basmatireis
½ Granatapfel
1 Handvoll Koriander, frisch
1 großer Brokkolikopf (ca. 300 g)
2 mittelgroße Süßkartoffeln (je ca. 250 g)
4 EL Sesamöl
½–1 TL grobes Meersalz

Für das Dressing

½ TL Koriander, gemahlen
50 g Tahin (Sesampaste), hell
2 EL Apfelessig
2 TL Ahornsirup
1 TL Paprikapulver, edelsüß
½–1 TL Salz
50 ml Kokosdrink (kein Kokoswasser)
2 EL Olivenöl

Außerdem

Backpapier

Zubereitung

Den Backofen auf 190 °C (Umluft) vorheizen und ein Backblech mit Backpapier auslegen.

Den Reis waschen und nach Packungsanleitung kochen.

Granatapfelkerne herauslösen, Koriander waschen und hacken. Beides beiseitestellen.

Brokkoli waschen und kleine Röschen abschneiden. Süßkartoffeln schälen und in ca. 2 x 2 cm große Würfel schneiden. Das Gemüse auf dem Backblech verteilen und mit Sesamöl und Salz besprenkeln. Für 20 Minuten in den Backofen stellen. Nach 10 Minuten wenden.

Derweil alle Zutaten für das Dressing (außer das Öl) in eine Schüssel geben und verrühren. In einen Mixer geben, das Olivenöl hinzufügen und gut mixen.

Den gekochten Reis in Schüsseln geben. Süßkartoffeln und Brokkoli darauf verteilen. Mit Koriander und Granatapfelkernen garnieren. Zum Schluss das Dressing darübergeben und servieren.

Forelle und Dinkelgraupensalat mit Wurzelgemüse

Für 4 Portionen

Zubereitungszeit: 25 Minuten
Backzeit: 15 Minuten

Zutaten

Für den Salat
300 g Dinkelgraupen (Achtung, wenn Sie Dinkelkörner kaufen, müssen diese ggf. über Nacht eingeweicht werden.)
2 Schalotten
2 Knoblauchzehen
130 g Knollensellerie
250 g Karotten
2 EL Olivenöl
½ TL Salz

Für den Fisch
2 (Lachs-)Forellen, küchenfertig
1–2 EL Olivenöl
½–1 TL Salz
4 TL Thymian, getrocknet
4 Knoblauchzehen

Für das Dressing
30 g Olivenöl
50 ml Apfelessig
10–15 g Ahornsirup
½–1 TL Salz

Zum Garnieren
20 g Petersilie
15 g Dill

TIPP

Das Gericht kann ohne die Forelle als vegane Variante zubereitet werden, da der Dinkelgraupensalat auch solo sehr sättigend ist. Ein optimales Bürogericht zum Mitnehmen.

Zubereitung

Den Backofen auf 225 °C (Umluft) vorheizen und ein Backblech mit Backpapier auslegen.

Dinkelgraupen nach Packungsanleitung zubereiten.

Schalotten und Knoblauch schälen und fein würfeln. Knollensellerie und Karotten schälen und in ca. 1x1 cm große Stücke schneiden. Das Olivenöl in einer Pfanne erhitzen und Knoblauch und Schalotten darin glasig braten. Knollensellerie- und Karottenwürfel dazugeben und für 2–3 Minuten mitbraten. Anschließend salzen und beiseitestellen.

Die Forellen waschen und trocken tupfen. Außen mit etwas Olivenöl bestreichen, innen salzen und mit dem Thymian einreiben. Knoblauch schälen und in Scheiben schneiden. In die Bauchhöhlen der Forellen legen.

Alle Zutaten für das Dressing in einer kleinen Schüssel vermengen. Petersilie und Dill waschen und fein hacken.

Die Dinkelgraupen mit dem Gemüse in eine Schüssel geben, das Dressing und die gehackten Kräuter darauf verteilen und alles vermischen. Nach Bedarf mit Salz und Apfelessig abschmecken.

Den Dinkelgraupensalat auf einen Teller geben und die Forellen ganz oder bereits filetiert dazu anrichten.

Gerösteter Blumenkohlsalat

Für 4–6 Portionen

Zubereitungszeit: 25 Minuten
Backzeit: 25 Minuten

Zutaten

2 Blumenkohlköpfe (je ca. 900 g)
600 g Karotten
3 EL Olivenöl
2 TL Paprikapulver, edelsüß
1½ TL Kurkumapulver
1 TL Salz
60 g Kürbiskerne
1 Granatapfel
80 g Zwiebeln, rot
1 EL Olivenöl

Für das Dressing

50 g Koriander, frisch
50 g Petersilie, frisch
4 EL Apfelessig
½ TL Thymian
1 TL Paprikapulver, edelsüß
1 TL Salz
1 Schuss Ahornsirup
100 ml Olivenöl

Zubereitung

Den Backofen auf 220 °C (Umluft) vorheizen und ein Backblech mit Backpapier auslegen.

Den Blumenkohl waschen und in gleich große Röschen teilen. Die Karotten schälen und in 1,5 cm dicke Scheiben schneiden. Alles in eine große Schüssel geben. Anschließend das Öl in einer kleinen Schüssel mit Paprikapulver, Kurkuma und Salz vermischen. Über den Blumenkohl und die Karotten geben und vermengen. Das Gemüse auf dem Backblech verteilen und für ca. 20–25 Minuten backen. Zwischendurch wenden.

Die Kürbiskerne in einer Pfanne ohne Öl rösten. Die Granatapfelkerne herauslösen und beides beiseitestellen.

Rote Zwiebeln schälen, halbieren und in Scheiben schneiden. Mit etwas Öl in einer Pfanne kurz andünsten, bis sie glasig sind. Anschließend beiseitestellen.

Für das Dressing die Kräuter waschen und grob hacken. Dann alle Zutaten (außer das Öl) sowie 3–4 EL Wasser in einen Mixer geben und pürieren. Danach das Öl hinzugeben und erneut mixen, bis eine homogene Masse entsteht.

Das Ofengemüse in eine Schüssel geben. Granatapfelkerne, Kürbiskerne und Zwiebeln daruntermischen. Das Dressing darübergeben und servieren.

Warmer Gemüsesalat mit Quinoa

Für 4 Portionen

Zubereitungszeit: 25 Minuten
Backzeit: 20 Minuten

Zutaten

750 g Süßkartoffeln
250 g Rote Bete
700 g Brokkoli
3–4 EL Olivenöl
1 TL Salz
200 g Quinoa
3 TL Gemüsebrühepulver (ohne Hefeextrakt)
½ TL Salz

Für das Dressing

3 Knoblauchzehen
1 EL Olivenöl
50 g Petersilie, glatt
4 EL Apfelessig
1 EL Oregano, getrocknet
½–1 TL Salz
120 g Olivenöl

Zubereitung

Den Backofen auf 190 °C (Umluft) vorheizen und ein Backblech mit Backpapier auslegen.

Süßkartoffeln und Rote Bete schälen und in grobe Würfel schneiden. Die Süßkartoffeln dabei etwas größer schneiden, da sie langsamer garen. Brokkoli waschen und in kleine Röschen schneiden. Alles in eine große Schüssel geben und mit Öl und Salz vermischen. Auf das Backblech geben und für ca. 20 Minuten in den Backofen stellen. Am besten zwischendurch mit einem scharfen Messer oder einer Gabel die Festigkeit des Gemüses überprüfen, damit es nicht verkocht.

Quinoa waschen und in der doppelten Menge Wasser mit Gemüsebrühepulver und Salz aufsetzen. Nach Anweisung garen.

Für das Dressing die Knoblauchzehen schälen und fein würfeln. Das Olivenöl in einer Pfanne erhitzen und den Knoblauch darin anbraten. Anschließend in einen Mixer geben. Petersilie waschen und zusammen mit Apfelessig, Oregano und Salz ebenfalls in den Mixer geben. Alles grob mixen. Anschließend das Olivenöl dazugeben und erneut kurz mixen.

Das Gemüse in eine große Schüssel geben und mit der Quinoa vermengen. Das Dressing darübergeben, alles vermischen und servieren.

Klassische Kartoffelsuppe

Für 4 Portionen

Zubereitungszeit: 35 Minuten

Zutaten

500 g Kartoffeln
½ Sellerieknolle
1 Karotte
2 Zwiebeln
1 Knoblauchzehe
2–3 EL Olivenöl
750 ml Gemüsebrühe
½ TL Majoran
½ TL Liebstöckel
1 TL Salz
1–2 TL Apfelessig

Zubereitung

Kartoffeln, Sellerie und Karotte schälen und würfeln. Zwiebeln und Knoblauch schälen und fein würfeln.

Das Olivenöl in einem großen Topf erhitzen und darin Zwiebeln und Knoblauch kurz andünsten. Dann Sellerie und Karotte dazugeben und kurz anbraten. Mit Gemüsebrühe ablöschen, anschließend Kartoffeln sowie Majoran und Liebstöckel hinzugeben. Bei geschlossenem Deckel 15 Minuten köcheln lassen.

Anschließend mit einem Stabmixer pürieren und mit Salz und Apfelessig abschmecken.

TIPP

Ein frischer grüner Salat mit Gurke, grob geraspelter roher roter Bete, Paprika, gewürfelten säuerlichen Äpfeln und einem Essig-Öl-Dressing ergänzt diese Suppe gut.

Kerniger Kohlsalat mit Polentaecken

Für 4–6 Portionen

Zubereitungszeit: 30 Minuten
Auskühlzeit: 60 Minuten

Zutaten

Für die Polentaecken
500 ml Dinkel- oder Haferdrink
500 ml Gemüsebrühe
1 TL Salz
280 g Polenta
3 EL Olivenöl

Für den Kohlsalat
200 g Rotkohl
200 g Weißkohl
1½–2 TL Salz
200 g Karotten
1 großer Apfel (z. B. Boskop)

Für das Dressing
3 EL Kürbiskerne
1 EL Mohn
2 EL Leinsamen
2 EL Chiasamen
250 g Zwiebeln
4 EL Olivenöl
1 großzügiger Schuss Apfelessig
1 Handvoll Petersilie

Außerdem
Backpapier

Zubereitung

Für die Polentaecken den Pflanzendrink zusammen mit der Gemüsebrühe und dem Salz in einem Topf aufkochen. Polenta einstreuen, verrühren und bei mittlerer Hitze ca. 3 Minuten köcheln lassen, bis die Polenta angedickt ist. Anschließend das Öl unterrühren. Ein Backblech mit Backpapier auslegen und die Polenta darauf mit einem angefeuchteten Schaber etwa 2 cm dick ausstreichen. 1 Stunde auskühlen lassen.

Für den Salat Rot- und Weißkohl waschen, in feine Streifen schneiden und in eine Schüssel geben. Salz dazugeben und vermengen. Die Karotten schälen und grob raspeln. Äpfel waschen und ebenfalls grob raspeln. Beides mit in die Schüssel geben.

Für das Dressing Kürbiskerne ohne Öl in einer Pfanne rösten. Mit Mohn, Leinsamen und Chiasamen in einer kleinen Schüssel vermischen und beiseitestellen. Die Zwiebeln schälen, fein hacken und in dem Olivenöl anbraten. Mit dem Apfelessig ablöschen, über den Salat gießen und gut vermischen.

Die Kern- und Saatenmischung und die grob gehackte Petersilie dazugeben und vermengen. Ggf. mit Salz und Apfelessig abschmecken.

Zum Schluss die ausgekühlte Polenta in Quadrate und dann in Dreiecke schneiden. Etwas Öl in einer beschichteten Pfanne erhitzen, die Polentaecken hineingeben und knusprig-braun braten.

Salat auf einen Teller geben und Polentaecken darüberlegen.

Maronensuppe mit Rosmarinpesto und Apfelstückchen

Für 4 Portionen

Zubereitungszeit: 65 Minuten

Zutaten

Für die Suppe

1 große Zwiebel (ca. 200 g)
2 Knoblauchzehen
2 Selleriestangen
½ EL Rosmarin, frisch
1 EL Olivenöl
1 Kartoffel (ca. 350 g)
400 g Maronen, vorgegart
750 ml Gemüse- oder Hühnerbrühe
½ TL Salz
1 EL Olivenöl
250 ml Dinkel- oder Haferdrink
1 EL Apfelessig

Für das Rosmarinpesto

30 g Macadamianüsse
1 Knoblauchzehe
1 EL Olivenöl
1 EL Rosmarin, frisch
70 ml Olivenöl
½ TL Salz
½ Apfel (z. B. Boskop)

Außerdem

Mörser

Zubereitung

Zwiebel und Knoblauch schälen und fein würfeln. Sellerie waschen und fein würfeln. Rosmarin abbrausen und hacken. Öl in einem Topf erhitzen. Zwiebel, Knoblauch, Sellerie und Rosmarin für 5–6 Minuten bei mittlerer Hitze anbraten.

Derweil die Kartoffel schälen und würfeln. Anschließend Kartoffelwürfel, Maronen und Brühe mit in den Topf geben, salzen und zum Kochen bringen. Bei mittlerer Hitze halb abgedeckt 45 Minuten köcheln lassen.

In der Zwischenzeit die Macadamianüsse ohne Öl in einer Pfanne anbraten und anschließend in einem Mixer grob zerkleinern. Knoblauch schälen, hacken und in etwas Öl glasig anbraten. Rosmarin abbrausen. Anschließend Nüsse, Knoblauch und Rosmarin in einen Mörser geben. Das Öl nach und nach dazugeben und jeweils kurz zerdrücken. Mit Salz abschmecken.

Die Suppe vom Herd nehmen und mit einem Stabmixer cremig rühren. Pflanzendrink und Apfelessig dazugeben und nochmals mixen.

Apfel schälen und in feine Würfel schneiden. Suppe in eine Schüssel geben. Mit Rosmarinpesto beträufeln und Apfelstückchen darüberstreuen.

Blumenkohl-Fenchel-Suppe

Für 4 Portionen

Zubereitungszeit: 20 Minuten
Backzeit: 40 Minuten

Zutaten

1 großer Blumenkohlkopf (ca. 500 g)
200 g Fenchel
4 EL Olivenöl
½–1 TL Salz
1 TL Fenchelsamen
3 Knoblauchzehen
1 TL Olivenöl
500 ml Dinkel- oder Haferdrink
½ TL Paprikapulver, edelsüß
2 TL Apfelessig
500 ml Gemüsebrühe

Zubereitung

Den Backofen auf 200 °C (Umluft) vorheizen und ein Backblech mit Backpapier auslegen.

Blumenkohl waschen und in kleine Röschen zerteilen. Fenchel waschen, halbieren, entstrunken (am unteren Ende v-förmig einschneiden) und in ebenso große Stücke wie den Blumenkohl schneiden. Fenchelgrün aufheben und beiseitestellen.

Blumenkohl und Fenchel in eine Schüssel geben und mit Olivenöl und Salz vermengen. Anschließend auf das Backblech geben und für 30–40 Minuten in den Backofen stellen.

Derweil Fenchelsamen in einer Pfanne ohne Öl bei mittlerer Hitze rösten, bis sie duften. Das dauert etwa 3 Minuten.

Knoblauchzehen schälen, klein hacken und mit dem Öl in einer Pfanne anbraten.

Wenn das Gemüse fertig ist, dieses zusammen mit den Fenchelsamen und dem Knoblauch in einen großen Topf geben. Pflanzendrink, Paprikapulver, Apfelessig und Gemüsebrühe dazugeben und mit einem Stabmixer fein pürieren. Bei Bedarf noch etwas Flüssigkeit hinzugeben, bis die Suppe die gewünschte Konsistenz hat.

Die Suppe in tiefe Teller geben, mit etwas Fenchelgrün garnieren und servieren.

NUDELGERICHTE

Grünkohlpasta mit Macadamia-Parmesan

Für 4 Portionen

Zubereitungszeit: 20 Minuten

Zutaten

50 g Macadamianüsse
3–4 Knoblauchzehen
1 TL Olivenöl
½ TL Salz
3 Knoblauchzehen
3–4 EL Olivenöl
300 g Grünkohl, TK
½ TL Salz
500 g Nudeln

Zubereitung

Macadamianüsse in einer Pfanne ohne Öl leicht bräunen. Knoblauch schälen und grob hacken. In einer Pfanne mit Olivenöl anbraten. Zusammen mit den Macadamianüssen in einen Standmixer geben, mixen und mit Salz abschmecken. Anschließend beiseitestellen.

Knoblauch schälen, hacken und in einer Pfanne mit dem Öl glasig braten. Den aufgetauten Grünkohl dazugeben, mit Salz würzen und ca. 5–6 Minuten braten.

Pasta aufsetzen und nach Packungsanleitung kochen. Vor dem Abgießen der Nudeln eine große Schöpfkelle Nudelwasser in die Pfanne mit dem Grünkohl geben und köcheln lassen. Die Nudeln abgießen und anschließend zurück in den noch warmen Kochtopf füllen. Den Grünkohl dazugeben und vermischen.

Die Nudeln auf tiefe Teller verteilen und mit Macadamia-Parmesan bestreuen. Nach Belieben mit Olivenöl beträufeln.

TIPP

Schmeckt auch mit frischem Grünkohl prima. Dieser muss aber länger garen.

Spaghetti mit Kürbis und Salbei

Für 4 Portionen

Zubereitungszeit: 30 Minuten

Zutaten

500–600 g Hokkaidokürbis
2 EL Olivenöl
½ TL Salz
500 g Dinkelvollkornspaghetti
10 g Salbei, frisch
3 Knoblauchzehen
½–1 TL Paprikapulver, edelsüß

Zubereitung

Den Kürbis waschen, entkernen und in ca. 1,5 x 1,5 cm große Würfel schneiden.

Das Öl in einer Pfanne erhitzen, die Kürbiswürfel hineingeben, salzen und bei mittlerer Hitze ca. 5 Minuten lang braten. Dabei regelmäßig umrühren.

Die Nudeln aufsetzen und nach Packungsanleitung kochen.

Den Salbei waschen und grob hacken. Den Knoblauch schälen und pressen. Beides zu dem Kürbis in die Pfanne geben. Insgesamt etwa 20–25 Minuten braten, bis der Kürbis gar ist, aber noch leichten Biss hat. Eine Minute vor Ende das Paprikapulver unterrühren.

Wenn die Nudeln fast fertig sind, 1–2 Kellen Nudelwasser in die Pfanne geben und einige Minuten köcheln lassen. Die Nudeln abgießen und zurück in den Topf geben. Mit dem Pfanneninhalt vermengen und auf tiefe Teller geben. Mit etwas Olivenöl beträufeln und servieren.

Makkaronisalat

Für 4 Portionen

Zubereitungszeit: 30 Minuten

Zutaten

350 g Makkaroni

Für das Dressing

340 ml Dinkel- oder Haferdrink
25 g Maisstärke
1 TL Salz
50 ml Apfelessig
4 TL Ahornsirup
1 TL Kurkumapulver
1 TL Paprikapulver, edelsüß
60 ml Olivenöl

Für das Gemüse

1 Paprika, rot
1 Paprika, grün
1 Salatgurke
1–2 Selleriestangen
3 EL Schnittlauch
2 EL Dill
½ TL Salz

Zubereitung

Etwa 6 EL des Pflanzendrinks mit der Maisstärke verrühren. Den restlichen Pflanzendrink aufkochen. Den Topf kurz vom Herd nehmen und die Stärkemischung mit einem Schneebesen einrühren. Anschließend wieder aufkochen, bis sie andickt.

In ein hohes Gefäß füllen. Alle weiteren Zutaten für das Dressing (bis auf das Öl) dazugeben und mit einem Stabmixer pürieren. Dann das Öl dazugeben und erneut mixen. Abkühlen lassen und anschließend abgedeckt in den Kühlschrank stellen.

Die Makkaroni aufsetzen und nach Packungsanleitung kochen. Nach Ende der Garzeit mit kaltem Wasser abspülen und in einem Sieb abtropfen lassen.

Das Gemüse waschen. Paprika halbieren, entkernen und in Würfel schneiden. Salatgurke schälen, längs halbieren und ebenso wie den Sellerie in kleine Würfel schneiden. Schnittlauch und Dill waschen und fein hacken.

Die Nudeln in eine große Schüssel geben. Mit dem gekühlten Dressing und dem Gemüse vermischen. Schnittlauch und Dill untermengen. Mit Salz und ggf. Apfelessig abschmecken.

Rotkohlnudeln mit Rote-Bete-Apfel-Topping

Für 4 Portionen

Zubereitungszeit: 40 Minuten

Zutaten

1 große Zwiebel (ca. 190 g)
600 g Rotkohl
2 EL Olivenöl
½ TL Salz
½ TL Kurkumapulver
500 g Dinkelvollkornmakkaroni oder -spaghetti
120 g Rote Bete, roh
80 g Äpfel (z. B. Boskop)
7 g Petersilie, glatt
½ TL Salz
1 EL Olivenöl

Zubereitung

Zwiebel schälen, halbieren und in Streifen schneiden. Rotkohl waschen, je nach Größe halbieren oder vierteln und in ca. 1 cm breite Streifen schneiden. Öl in einer Pfanne erhitzen und die Zwiebel darin glasig braten. Rotkohl dazugeben und salzen. Kurkuma unterrühren und das Ganze 20 Minuten bei mittlerer Hitze braten.

Derweil die Nudeln nach Packungsanleitung kochen.

Für das Topping Rote Bete schälen und in feine Würfel schneiden. Äpfel waschen, halbieren, entkernen und ebenfalls in feine Würfel schneiden. Petersilie waschen, fein hacken und mit Salz und Olivenöl in einer kleinen Schüssel vermischen.

Nudeln abgießen und zurück in den Topf geben. Dort mit Zwiebeln und Rotkohl vermischen. In tiefe Teller geben, das Topping darauf verteilen und nach Belieben mit Olivenöl beträufeln.

TIPP

Geben Sie einige fein gehackte Para- oder Macadamianüsse unter das Topping, um es zusätzlich aufzupeppen.

Putengulasch mit Weißkohl

Für 4 Portionen

Zubereitungszeit: 50 Minuten

Zutaten

- 200 g Zwiebeln
- 500 g Putenbrust
- 1TL Olivenöl
- 2 TL Paprikapulver, edelsüß
- 1 TL Thymian
- 1 TL Rosmarin
- 1 TL Salz
- 400 ml Hühnerbrühe
- 2 gehäufte TL Maisstärke
- 4–5 EL Wasser
- 400 g Weißkohl
- 150 g Karotten
- 500 g Vollkorn-Bandnudeln
- ½ Bund Petersilie

Zubereitung

Zwiebeln schälen und grob würfeln. Die Putenbrust waschen, trocken tupfen und in Stücke schneiden. Das Olivenöl in einem großen Topf erhitzen und darin Zwiebeln und Fleisch anbraten. Die Gewürze in einer kleinen Schüssel mischen und in den Topf geben. Mit der Brühe ablöschen.

Stärke mit dem Wasser anrühren und dazugeben. Kurz aufkochen, dann abdecken und bei mittlerer Hitze ca. 10 Minuten köcheln lassen.

Derweil den Weißkohl waschen und in Streifen schneiden. Karotten schälen und in ca. 1–1,5 cm dicke Scheiben schneiden. Das Gemüse zum Gulasch geben und zugedeckt ca. 30 Minuten köcheln lassen.

Die Bandnudeln nach Packungsanleitung kochen.

Die Petersilie waschen und fein hacken. Nudeln in tiefen Tellern anrichten und Gulasch darübergeben. Mit Petersilie bestreuen und servieren.

TIPP

Für eine vegane Variante einfach mehr Karotten und etwas mehr Kohl nehmen und die Hühner- durch Gemüsebrühe ersetzen.

Romanesco-Pasta mit Macadamia-Parmesan

Für 4 Portionen

Zubereitungszeit: 35 Minuten

Zutaten

50 g Macadamianüsse
3–4 Knoblauchzehen
1 TL Olivenöl
½ TL Salz
800 g Romanesco (alternativ: Brokkoli)
500 g Dinkelvollkornspaghetti
3 Knoblauchzehen
1 EL Olivenöl
½ TL Salz

Zubereitung

Die Macadamianüsse ohne Öl in einer Pfanne leicht bräunen. Knoblauchzehen schälen und hacken. Öl in eine Pfanne geben und den Knoblauch darin bei mittlerer Hitze glasig braten. Mit den Macadamianüssen in einen Standmixer geben. Mixen und mit Salz abschmecken.

Den Romanesco waschen, in mundgerechte Röschen schneiden und für ca. 10 Minuten in einem Topf zum Dünsten aufsetzen. Der Romanesco sollte nicht verkocht sein.

Die Spaghetti aufsetzen und nach Packungsanleitung kochen.

Die Knoblauchzehen schälen und fein hacken.

Wenn der Romanesco gar ist, Öl in eine Pfanne geben und den Knoblauch darin glasig braten. Den Romanesco dazugeben, salzen und für ein paar Minuten mitbraten.

Kurz vor Ende der Kochzeit 1–2 Kellen Nudelwasser abschöpfen und in die Pfanne zu dem Romanesco geben. Wasser leicht verkochen lassen. Das dauert etwa 4 Minuten.

Nudeln abgießen und in einen tiefen Teller geben. Romanesco und Macadamia-Parmesan darübergeben und optional mit etwas nativem Olivenöl verfeinern.

Nudeln mit Kürbiskernpesto

Für 4 Portionen

Zubereitungszeit: 10 Minuten

Zutaten

500 g Dinkelvollkornspaghetti
50 g Kürbiskerne
2 Knoblauchzehen
1 EL Olivenöl
30 g Petersilie, glatt
2–3 TL Apfelessig
4 EL Kürbiskernöl
1 EL Olivenöl
50–60 ml Gemüsebrühe
½ TL Salz

Zubereitung

Nudeln nach Packungsanleitung kochen.

Kürbiskerne ohne Öl in einer Pfanne anrösten. Anschließend beiseitestellen. Knoblauchzehen schälen und fein hacken. Das Öl in eine Pfanne geben und den Knoblauch darin glasig braten. Petersilie waschen und grob hacken. Zusammen mit den Kürbiskernen und dem Knoblauch in einen Standmixer geben.

Apfelessig, Kürbiskern- und Olivenöl sowie Gemüsebrühe und Salz dazugeben. Alles gut mixen.

Nach Belieben mit mehr Salz und Apfelessig abschmecken und servieren.

TIPP

Sie können auch gegarten und geschnittenen grünen Spargel als Gemüse ergänzen. Dieses Pesto passt auch wunderbar zu dem Kartoffelsalat mit Kürbiskernöl auf Seite 124. Einfach dort das Kürbiskernöl und die Kürbiskerne weglassen und stattdessen ein paar Esslöffel dieses Pestos unter den Kartoffelsalat rühren.

REISGERICHTE

Paprika-Risotto

Für 4 Portionen

Zubereitungszeit: 55 Minuten
Backzeit: 15 Minuten

Zutaten

5 rote Paprika
2 Hühnerbrustfilets (je ca. 200 g)
1 TL Salz
1 EL Olivenöl
1 Zwiebel (ca. 100 g)
1 EL Olivenöl
300 g Risottoreis
1 l Gemüse- oder Hühnerbrühe
1 EL Olivenöl
1TL Thymian, getrocknet
1TL Rosmarin, getrocknet
½–1 TL Salz
½ TL Ahornsirup
1–2 EL Petersilie, glatt

Zubereitung

Den Backofen auf 180 °C (Umluft) vorheizen.

Paprika waschen, entkernen, grob würfeln und in einen beschichteten Topf geben. Bei mittlerer Hitze 15 Minuten ohne Deckel schmoren. Dabei regelmäßig umrühren, damit nichts anhaftet. Mit Deckel für weitere 40 Minuten bei leicht reduzierter Hitze schmoren.

Hühnchenfilets waschen, trocken tupfen und salzen. Eine Pfanne mit Öl erhitzen und das Hühnchen darin scharf anbraten. Jeweils in Alufolie wickeln und für 15 Minuten in den Backofen geben. Anschließend bis zum Servieren in der Alufolie lassen.

Zwiebel schälen und fein würfeln. In einem Topf mit etwas Olivenöl andünsten. Reis dazugeben und kurz mitrösten. Dann eine Schöpfkelle Brühe dazugeben und rühren, bis der Reis die Flüssigkeit fast vollständig aufgesogen hat. Diesen Schritt wiederholen, bis das Risotto nach etwa 20 Minuten fertig ist.

Die Paprika in ein hohes Gefäß geben und mit einem Stabmixer pürieren. Öl, Thymian, Rosmarin und Salz dazugeben. Nach Bedarf mit Ahornsirup abschmecken.

Wenn das Risotto fertig gegart ist, den Paprikamix dazugeben und verrühren. Das Hühnchen in mundgerechte Stücke schneiden. Petersilie waschen und hacken. Das Risotto auf einen Teller geben und das Hühnchen darauf verteilen. Mit gehackter Petersilie bestreuen und servieren.

TIPP

Das Risotto schmeckt auch ohne Hühnchen wunderbar und kann durch sein volles, würziges Aroma überzeugen.

Mildes Curry mit Gemüse

Für 4 Portionen

Zubereitungszeit: 45 Minuten

Zutaten

190 g Vollkorn-Basmatireis

Für die Currysoße

1 TL Koriandersamen
½ TL Kurkumapulver
2 TL Paprikapulver, edelsüß
1½ TL Salz
2 mittelgroße Zwiebeln (je ca. 90 g)
3 Knoblauchzehen
1 TL Olivenöl
3 EL Kokosdrink (kein Kokoswasser)

Für das Gemüse

1 Brokkoli (ca. 300 g)
1 Zucchini (ca. 300 g)
2 mittelgroße Süßkartoffeln (je ca. 300 g)
600 ml Kokosdrink (kein Kokoswasser)
3 leicht gehäufte TL Maisstärke
1 TL Apfelessig
½–1 TL Salz

Zum Garnieren

½ Bund Koriander

Außerdem

Mörser

Zubereitung

Vollkorn-Basmatireis unter fließendem Wasser waschen und 10 Minuten einweichen. In 500 ml Wasser aufkochen und dann für 30 Minuten bei geschlossenem Deckel und niedriger Temperatur köcheln lassen.

Derweil die Koriandersamen in einer Pfanne ohne Öl bei mittlerer Hitze rösten. In einen Mörser geben und zerstoßen. Mit Kurkuma, Paprikapulver und Salz vermischen.

Zwiebeln schälen und fein würfeln, Knoblauch schälen und hacken. Anschließend in einem Topf mit Öl glasig anbraten. Die Gewürze dazugeben und ½ Minute lang mitbraten. Zusammen mit 3 EL Kokosdrink in einen kleinen Mixer füllen und pürieren.

Brokkoli waschen und in mundgerechte Röschen teilen. Zucchini waschen und in Scheiben schneiden. Süßkartoffeln schälen und in 1,5 cm große Würfel schneiden.

Etwa 6 EL des Kokosdrinks mit der Maisstärke vermischen und beiseitestellen. Den restlichen Kokosdrink in einem großen Topf erwärmen und die Gewürzpaste dazugeben.

Dann das Kokos-Stärke-Gemisch mit dem Schneebesen unterrühren und aufkochen. Für 3–4 Minuten köcheln lassen. Anschließend den Essig einrühren und mit etwas Salz abschmecken.

Die Süßkartoffelwürfel in den Topf geben und für ca. 3 Minuten köcheln lassen. Dann den Brokkoli dazugeben und weitere 6 Minuten köcheln lassen. Dabei aufpassen, dass die Süßkartoffel nicht zu weich wird. Kurz vor Ende der Kochzeit die Zucchini für 2 Minuten mitgaren.

Den Reis in Schalen oder tiefere Teller geben und das Gemüsecurry darauf verteilen. Nach Belieben mit gehacktem Koriander bestreuen und servieren.

Reis-Bowl mit Kokos-Brokkoli und Zitronengrashühnchen

Für 4–6 Portionen

Zubereitungszeit: 40 Minuten

Zutaten

300 g Rundkorn- oder Basmati-Vollkornreis
700 g Hühnerbrustfilet
1 Brokkolikopf (ca. 400 g)
2 Schalotten
1 EL Olivenöl
40 g Kokosraspel
2 EL Sesamöl
½ Bund Koriander

Für die Marinade

1½ Stangen Zitronengras
4 Knoblauchzehen
250 ml Kokosdrink (kein Kokoswasser)
3 gehäufte TL Maisstärke
3 EL Apfelessig
½ TL Salz

Zubereitung

Reis aufsetzen und nach Packungsanleitung kochen.

Hühnerbrust waschen, trocken tupfen, in mundgerechte Stücke schneiden und in eine Schüssel füllen.

Für die Marinade die harten Blätter des Zitronengrases entfernen und das Zitronengras anschließend halbieren. Den Knoblauch schälen und mit Kokosdrink, Stärke, Apfelessig und Salz sowie dem Zitronengras in einem Standmixer grob pürieren. Die Marinade über das Hühnchen gießen und abgedeckt in den Kühlschrank stellen, bis es wieder gebraucht wird.

Brokkoli waschen, in mundgerechte Röschen schneiden und für ca. 5 Minuten in Salzwasser bissfest garen. Anschließend in Eiswasser abschrecken und beiseitestellen. Schalotten schälen und in feine Würfel schneiden. Öl in einer Pfanne erhitzen, Schalotten hineingeben und kurz anbraten. Dann den Brokkoli und die Kokosraspel dazugeben, unterrühren und kurz mitbraten.

Die Marinade des Hühnchens abgießen und ggf. die gröbsten Teile des Zitronengrases entfernen. Das Sesamöl in einer Pfanne erhitzen und darin das Hähnchen gar braten.

Koriander waschen und hacken. Den Reis in Schüsseln verteilen, den Brokkoli und das Hühnchen dazugeben und alles mit Koriander bestreuen.

Herbstlicher Wildreissalat

Für 4 Portionen

Zubereitungszeit: 60 Minuten

Zutaten

200 g Wildreismischung
350 g Süßkartoffeln
500 g Hokkaidokürbis
1 große Schalotte (ca. 40 g)
80 g Grünkohl, frisch
2 TL Salbei, frisch
30 g Paranüsse
2 EL Olivenöl
½ TL Salz
130 g Trauben, kernlos
1 EL Olivenöl
4 EL Balsamico
1 EL Ahornsirup
½ Apfel, süß-säuerlich

Zubereitung

Den Reis nach Packungsanleitung zubereiten.

Derweil die Süßkartoffeln schälen und in ca. 1 x 1 cm große Stücke schneiden. Den Kürbis waschen, halbieren, entkernen und ebenfalls in ca. 1 x 1 cm große Stücke schneiden. Schalotte schälen und fein würfeln. Den Grünkohl waschen und den Strunk grob entfernen. Anschließend in Streifen schneiden.

Salbei waschen und grob hacken. Paranüsse in einer Pfanne ohne Öl anrösten und hacken. Anschließend beides beiseitestellen.

Das Öl in einer großen Pfanne erhitzen. Süßkartoffeln, Grünkohl, Kürbis und Schalotte in die Pfanne geben und 5 Minuten braten. Dann den Salbei dazugeben und salzen. Weitere 10–15 Minuten braten und ab und zu prüfen, dass die Süßkartoffeln nicht zu weich werden.

Trauben waschen und entstielen. Das Öl in eine Pfanne geben und die Trauben bei mittlerer Hitze einige Minuten braten. Mit Balsamico und Ahornsirup ablöschen. Weitere 3–4 Minuten garen lassen, bis die Trauben etwas weicher sind.

Apfel waschen, halbieren, entkernen und in 1x1 cm große Würfel schneiden.

Reis abgießen und alles zusammen in eine große Schüssel geben. Ggf. mit Öl, Salz und Balsamico abschmecken.

TIPP

Auch Maronen passen sehr gut zu diesem Salat. Geben Sie sie zusammen mit dem Hokkaido grob gehackt in die Pfanne.

Bunter Reis mit Huhn

Für 4 Portionen

Zubereitungszeit: 60 Minuten

Zutaten

400 g Vollkorn-Basmatireis
2 Hühnerbrüste
Für die Marinade
2–3 Knoblauchzehen
100 ml Kokosdrink (kein Kokoswasser)
2 gehäufte TL Maisstärke
1 TL Kurkumapulver
1 TL Apfelessig
½ TL Salz
1 EL Olivenöl
Reis
2 Karotten (je ca. 100 g)
1–2 rote Paprika (je ca. 150 g)
2 EL Olivenöl
100 g Gojibeeren, Cranberries oder Berberitzen, getrocknet, ungesüßt und ungeschwefelt
2 gestrichene TL Kurkumapulver
½ TL Kardamompulver
1 TL Salz
60 g Pistazienkerne
½ Granatapfel

Zubereitung

Den Reis waschen und nach Packungsanleitung zubereiten. Hühnerbrüste waschen und trocken tupfen. In mundgerechte Stücke schneiden.

Für die Marinade Knoblauch schälen und in Scheiben schneiden. Anschließend mit Kokosdrink, Stärke, Kurkuma, Apfelessig, Salz und Olivenöl zu einer Marinade vermengen.

Die Hähnchenbrust von allen Seiten marinieren und abgedeckt in den Kühlschrank stellen.

Für den Gemüsereis Karotten schälen und in kleine Würfel schneiden. Rote Paprika waschen und ebenfalls in kleine Würfel schneiden.

Das Öl in eine Pfanne geben und die getrockneten Beeren zusammen mit Kurkuma und Kardamom bei mittlerer Hitze für 2 Minuten braten. Reis hinzufügen und kurz durchbraten. Anschließend Karotten und Paprika dazugeben und salzen. Etwas Wasser hinzugeben und bei geschlossenem Deckel und niedriger Hitze 10 Minuten köcheln lassen. Danach die Herdplatte ausschalten und das Ganze bei geschlossenem Deckel 10 Minuten ruhen lassen.

Das Hühnchen in eine Pfanne mit Öl geben und garen.

Derweil Pistazienkerne ohne Öl anrösten und grob hacken. Die Granatapfelkerne herauslösen. Beides unter den Reis mischen und ggf. mit Salz abschmecken. Den Reis in Schüsseln geben und das Hühnchen darauf verteilen.

TIPP

Das Gericht überzeugt auch ohne Hühnchen und schmeckt am nächsten Tag noch genauso lecker.

Gemüseböllchen mit Reis und „Nomato"-Sauce

Für 4 Portionen

Zubereitungszeit: 35 Minuten

Zutaten

200 g Natur-Wildreis-Mix
1–2 EL Olivenöl zum Braten
½ Bund Petersilie, glatt

Für die Gemüsebällchen

50 g Karotten
100 g Zucchini
1 kleine Zwiebel (ca. 40 g)
1 EL Olivenöl
160 g Haferflocken, Kleinblatt
80 g Dinkelgrieß
3 gehäufte TL Maisstärke
1 TL Kurkumapulver
1 TL Oregano
½ TL Liebstöckel
1 TL Thymian
2 TL Gemüsebrühepulver (ohne Hefeextrakt)
1 gestrichener TL Salz
250 ml kochendes Wasser

Zubereitung

Reis aufsetzen und nach Packungsanleitung kochen.

Für die Gemüsebällchen Karotten und Zucchini fein raspeln. Die Zwiebel schälen, würfeln und mit dem Öl in einer Pfanne anbraten.

Anschließend alle Zutaten (bis auf das Wasser) in einer Schüssel gut vermengen. Das heiße Wasser dazugeben und gut verrühren. Ggf. Haferflocken dazugeben, damit die Masse nicht zu feucht ist. Anschließend 15 Minuten ziehen lassen.

Aus der Masse für die Gemüsebällchen kleine Kugeln formen. Das Öl in einer Pfanne erhitzen und Gemüsebällchen bei mittlerer Hitze braten, bis sie goldbraun und gar sind (ca. 5–6 Minuten pro Seite).

Petersilie waschen und fein hacken. Reis auf die Teller verteilen. Gemüsebällchen daraufgeben und mit Petersilie bestreuen.

TIPP

Dazu passt die „Nomato"-Sauce von Seite 136. Die Gemüsebällchen passen zudem sehr gut zu einem grünen Salat mit Grillgemüse oder ergeben in größerer Form einen veganen Burger. Außerdem kann man sie prima mit ins Büro nehmen.

Indonesisches Hühnchen-curry mit Spitzkohl

Für 4 Portionen

Zubereitungszeit: 30 Minuten

Zutaten

300 g (Vollkorn-)Basmatireis
½ TL Koriander, gemahlen
1 TL Kurkumapulver
¼ TL Kümmel
600 g Hühnerbrustfilet
6 Blätter Spitzkohl
3 Knoblauchzehen
1 große Schalotte (ca. 40 g)
1 EL Olivenöl
300 ml Kokosdrink (kein Kokoswasser)
3 gehäufte TL Maisstärke
3 TL Essig
2 TL Wasser
1 TL Salz
2 Kaffirlimettenblätter
½ Bund Koriander

Zubereitung

Reis nach Packungsanleitung zubereiten.

Koriander, Kurkuma und Kümmel mit 70 ml heißem Wasser übergießen und beiseitestellen.

Hühnchen waschen, trocken tupfen und in mundgerechte Stücke schneiden. Spitzkohl waschen und in Streifen schneiden. Knoblauchzehen und Schalotte schälen und hacken. Das Olivenöl in einer hohen Pfanne oder einem Topf erhitzen und Knoblauch sowie Schalotte darin anbraten. Dann die Wasser-Gewürz-Mischung dazugeben und kurz mitbraten.

Etwa 6–7 EL von dem Kokosdrink mit der Stärke vermischen. Den restlichen Kokosdrink in den Topf geben und aufkochen. Dann den Kokosdrink-Stärke-Mix dazugeben und mit einem Schneebesen verrühren. Hühnerfleisch, Spitzkohl, Essig, Wasser und Salz dazugeben. Alles ca. 5 Minuten köcheln lassen und ab und zu umrühren. Anschließend die Kaffirlimettenblätter dazugeben und weitere 5 Minuten köcheln lassen. Prüfen, ob das Hühnerfleisch gar und der Spitzkohl weich ist. Ggf. mit Salz abschmecken.

Koriander waschen und hacken. Das Curry in Schüsseln verteilen, den Reis je nach Geschmack separat servieren oder zum Curry geben. Koriander darüberstreuen.

TIPP

Für die vegane Option 4–5 Karotten schälen, in 1 cm dicke Streifen schneiden und zusammen mit dem Spitzkohl in den Topf geben.

KARTOFFELGERICHTE

Gnocchipfanne mit Gemüse

Für 4 Portionen

Zubereitungszeit: 45 Minuten

Zutaten

Für die Gnocchi
600 g Kartoffeln, mehligkochend
125 g Dinkelmehl, Type 630
½ EL Dinkelgrieß
1 TL Salz
Mehl zum Kneten
Für das Gemüse
1 große Paprika (ca. 140 g), rot
150 g Karotten
1 Zwiebel
200 g Zucchini
1½ TL Oregano
1½ TL Thymian
1½ TL Rosmarin
1 gestrichener TL Salz
150 ml Gemüsebrühe
2 EL Olivenöl
1 gehäufter EL Dinkelvollkornmehl
Außerdem
Kartoffelpresse

Zubereitung

Kartoffeln schälen und in grobe Würfel schneiden. In gesalzenem Wasser gar kochen. Durch eine Kartoffelpresse geben. Mehl, Grieß und Salz untermengen und alles zu einer homogenen Masse verkneten. Ein wenig Mehl auf die Arbeitsfläche geben. Den Teig in 4 Teile teilen und daraus jeweils etwa daumendicke Stränge rollen.

In 2–3 cm lange „Kissen" schneiden und auf der Schnittfläche mit einer Gabel etwas eindrücken. Die Gnocchi in Salzwasser aufkochen. Sie sind fertig, wenn sie nach oben steigen. Mit kaltem Wasser abschrecken und beiseitestellen, sodass sie nicht zusammenkleben.

Paprika waschen, halbieren, entkernen und in feine Streifen schneiden. Karotten schälen und in 1 cm breite Scheiben schneiden. Die Zwiebel schälen und grob hacken. Die Zucchini waschen, die Enden entfernen, längs halbieren und in ca. 1 cm breite Scheiben schneiden.

Oregano, Thymian und Rosmarin in einer kleinen Schüssel mit Salz und Gemüsebrühe mischen.

Das Öl in eine große und möglichst hochwandige Pfanne geben und erhitzen. Zuerst Zwiebel und Karotten für 5 Minuten braten. Dann Paprika und Zucchini für 5 Minuten mitbraten. Die Gemüsebrühe dazugeben, das Mehl einrieseln lassen und alles gut vermengen. Die Gnocchi dazugeben und mit geschlossenem Deckel weitere 5 Minuten köcheln lassen. Ab und zu umrühren.

Mashed Potatoes mit zwei Mojos

Für 4 Portionen

Zubereitungszeit: 40 Minuten
Backzeit: 30 Minuten

Zutaten

1,2 kg Kartoffeln, vorwiegend festkochend
6 EL Olivenöl
1 TL grobes Meersalz

Für die Mojo Rojo

500 g Paprika, rot
3 Knoblauchzehen
1 EL Olivenöl
1 EL Paprikapulver, edelsüß
1 EL Mais-Paniermehl
½–1 TL Ahornsirup
1 EL Apfelessig
½ TL Salz
60 ml Olivenöl

Für die Mojo Verde

1 Paprika, grün
1 Bund Petersilie (ca. 50 g)
1 Bund Koriander (ca. 50 g)
3 Knoblauchzehen
1 EL Olivenöl
2 EL Mais-Paniermehl
3 EL Apfelessig
1½ TL Salz
50 ml Olivenöl

Außerdem

Alufolie

Zubereitung

Die Kartoffeln waschen und für ca. 15–20 Minuten in köchelndem Salzwasser garen.

Für das Mojo Rojo den Backofen auf 220 °C (Grill) vorheizen und ein Backblech mit Alufolie auslegen. Die roten Paprika waschen, entkernen, ohne Öl mit der Haut nach oben auf das Backblech legen und für 10–12 Minuten backen. Dabei aufpassen, dass sie nicht verbrennen. Ein paar schwarze Stellen sind aber normal. Anschließend häuten und den Backofen auf 200 °C (Umluft) schalten.

Die Knoblauchzehen schälen, hacken und mit etwas Öl in einer Pfanne glasig braten. Anschließend mit Paprikapulver, Mais-Paniermehl, Ahornsirup, Apfelessig und Salz in ein hohes Gefäß geben und mit dem Stabmixer pürieren. Ggf. etwas Wasser hinzufügen. Danach das Olivenöl unterrühren und kurz mixen.

Die Kartoffeln auf ein Blech mit Backpapier legen. Mit dem Boden eines Glases plattdrücken. Dann jede Kartoffel mit Olivenöl beträufeln und leicht salzen. Für 20 Minuten im Backofen knusprig-braun backen.

Für die Mojo Verde die grüne Paprika waschen, halbieren, entkernen und in grobe Würfel schneiden. Die Kräuter waschen und grob hacken. Knoblauchzehen schälen, grob hacken und mit etwas Öl in einer Pfanne glasig braten. Anschließend zusammen mit Mais-Paniermehl, Apfelessig und Salz in ein hohes Gefäß geben und mit dem Stabmixer pürieren. Danach das Olivenöl unterrühren und mixen.

Die Kartoffeln zusammen mit den beiden Mojos anrichten und servieren.

Kartoffel-Gemüse-Pfanne mit Kümmel

Für 4 Portionen

Zubereitungszeit: 35 Minuten

Zutaten

800 g Drillinge oder andere kleine Kartoffeln
200 g Zucchini
2 Karotten
1 große Zwiebel (ca. 90 g)
400 g Weißkohl
2–3 EL Olivenöl
150–200 ml Gemüse- oder Hühnerbrühe
1–2 TL Kümmel
½ TL Salz

Zubereitung

Die Kartoffeln gründlich waschen und gar kochen.

Zucchini waschen und die Enden abschneiden. Längs halbieren und in ca. 1,5 cm breite Scheiben schneiden. Karotten schälen und in 1 cm breite Scheiben schneiden. Zwiebel würfeln und Kohl in Streifen schneiden.

Gar gekochte Kartoffeln halbieren bzw. in mundgerechte Stücke schneiden.

Das Öl in einer Pfanne erhitzen und die Zwiebel darin glasig anbraten. Kohl und Karotten sowie Zucchini dazugeben, kurz mitbraten und anschließend mit der Brühe ablöschen. 10–15 Minuten köcheln lassen.

Am Ende der Kochzeit Kartoffeln sowie Kümmel untermischen und vor dem Servieren mit Salz abschmecken.

Krautgulasch mit Kartoffelbrei

Für 4 Portionen

Zubereitungszeit: 50 Minuten

Zutaten

800 g Weißkohl
1 Paprika, grün
1 Paprika, gelb
800 ml Gemüsebrühe
4 EL Paprikapulver, edelsüß
2 Zwiebeln (je ca. 100 g)
4 EL Olivenöl
3–4 TL Kümmel
1–2 EL Dinkelvollkornmehl
½ TL Salz
1 kg Kartoffeln
200 ml Dinkel- oder Haferdrink
Prise Salz

Zubereitung

Den Weißkohl waschen, entstrunken, je nach Größe halbieren oder vierteln und in 3 cm breite Streifen schneiden. Die beiden Paprika waschen, halbieren, entkernen und in 1,5 cm breite Streifen schneiden.

Die Gemüsebrühe mit dem Paprikapulver mischen. Zwiebeln schälen, würfeln und in einem großen Topf mit Öl glasig dünsten. Anschließend bei mittlerer Hitze für 5–10 Minuten braten. Gelegentlich umrühren. Kraut, Paprika und Gemüsebrühe dazugeben.
20–25 Minuten garen, bis das Weißkraut weich ist. 5 Minuten vor dem Ende den Kümmel dazugeben. Den Topfinhalt mit Mehl bestäuben und zum Binden gut verrühren.
Mit Salz abschmecken.

Kartoffeln aufsetzen und gar kochen. Anschließend abgießen und schälen. Die Kartoffeln stampfen, Pflanzendrink unterrühren und mit Salz abschmecken.

Krautgulasch und Kartoffelbrei auf tiefe Teller verteilen und servieren.

Kartoffelsalat mit Kürbiskernöl

Für 4 Portionen

Zubereitungszeit: 20 Minuten

Zutaten

1 kg Kartoffeln, festkochend
1 Landgurke (ca. 270 g)
4 EL Olivenöl
2 TL Salz
4 EL Apfelessig
3 EL Kürbiskerne
4 EL Kürbiskernöl
50 g Feldsalat
½ TL Salz

Zubereitung

Kartoffeln gründlich waschen und ungeschält in kaltem Wasser aufsetzen. Mit Deckel ca. 20 Minuten kochen. Derweil die Gurke waschen, längs halbieren und in feine Scheiben schneiden.

In einer großen Schüssel Olivenöl, Salz und Apfelessig mit einer Gabel aufschlagen und gründlich verrühren.

Die Kürbiskerne in einer Pfanne ohne Öl anrösten. Anschließend hacken und beiseitestellen.

Kartoffeln leicht abkühlen lassen und in ca. 1 cm dicke Scheiben direkt in die Schüssel schneiden. Kürbiskernöl daraufgeben und vorsichtig umrühren.

Feldsalat waschen und zusammen mit den Gurkenscheiben unter die Kartoffeln heben. Mit Salz und ggf. etwas Apfelessig abschmecken. Auf Tellern anrichten und Kürbiskerne darauf verteilen.

Gnocchi-Hühnchen-Pfanne

Für 4–6 Portionen

Zubereitungszeit: 40 Minuten

Zutaten

Für das Brokkolipesto
½ Brokkoli (ca. 170 g)
30 g Macadamianüsse
2 Knoblauchzehen
1 TL Olivenöl
1½ TL Apfelessig
½ TL Salz
10 ml Dinkel- oder Haferdrink
50 ml Olivenöl

Für die Pfanne
500 g Gnocchi, gekauft (oder Rezept auf Seite 118)
200 g Zuckerschoten
150 g Zucchini
2 Knoblauchzehen
2 Hühnerbrustfilets (je ca. 200 g)
½ TL Salz
1 EL Olivenöl
60–70 ml Dinkel- oder Haferdrink
½ TL Salz

Zubereitung

Für das Pesto den Brokkoli waschen, in Röschen teilen und für 10 Minuten in einem Topf mit Wasserdampf dünsten. Macadamianüsse in einer Pfanne ohne Öl anrösten. Knoblauchzehen schälen und fein hacken. Das Öl in eine Pfanne geben und den Knoblauch darin glasig braten. Anschließend alles in einen Mixer geben. Apfelessig, Salz und Pflanzendrink dazugeben und mixen. Olivenöl dazugeben und unterrühren. Anschließend kurz mixen und abschmecken.

Gnocchi nach Packungsanleitung zubereiten und beiseitestellen.

Zuckerschoten waschen und quer halbieren. Zucchini waschen, längs halbieren und in 1 cm breite Stücke schneiden. Knoblauchzehen schälen und hacken.

Hühnerbrustfilets waschen, trocken tupfen, in mundgerechte Stücke schneiden und salzen. Öl in einer großen Pfanne erhitzen und die Hühnerbruststreifen 4–5 Minuten gar braten. Anschließend beiseitestellen. Den Knoblauch und das Gemüse in die Pfanne geben und für 5 Minuten braten.

Derweil das Pesto mit dem Pflanzendrink verrühren und ggf. nachsalzen.

Pesto, Fleisch und Gnocchi mit in die Pfanne geben und nochmals ca. 5 Minuten braten. Alles auf Tellern anrichten und servieren.

TIPP

Das leckere Gericht überzeugt auch ohne Hühnchen.

Kartoffel-Kokos-Pfanne

Für 4 Portionen

Zubereitungszeit: 40 Minuten

Zutaten

900 g Kartoffeln, festkochend
300–400 g Brokkoli
70 g Schalotten
2 Knoblauchzehen
2 TL Koriandersamen
1TL Paprikapulver, edelsüß
½ TL Kurkumapulver
50 g Kokosraspel, geröstet
1 TL Salz
1 EL Olivenöl
15 Curryblätter
150 ml Kokosdrink (kein Kokoswasser)
10 g Maisstärke
1 EL Apfelessig
½ TL Salz

Außerdem

Mörser

Zubereitung

Kartoffeln gründlich waschen (sie werden nicht geschält) und in Salzwasser garen. Dann in 2 x 2 cm große Würfel schneiden. Brokkoli waschen, in mundgerechte Röschen teilen und für ca. 15 Minuten in Salzwasser bissfest garen. Abgießen und kalt abschrecken.

Schalotten und Knoblauchzehen schälen und fein hacken.

Koriandersamen ohne Öl in einer Pfanne anrösten und anschließend im Mörser zerreiben. Mit Paprikapulver, Kurkuma und Kokosraspel sowie Salz vermengen.

Das Öl in einer großen, hochwandigen Pfanne erhitzen. Curryblätter, Knoblauch und Schalotten in die Pfanne geben und glasig braten. Brokkoli, Kartoffeln sowie Gewürzmischung dazugeben, vermengen und kurz braten. Den Kokosdrink mit Stärke und Apfelessig vermischen und anschließend in die Pfanne geben. Kurz köcheln lassen, bis das Gemüse die Flüssigkeit aufgesogen hat. Mit Salz abschmecken und servieren.

TIPP

Wenn keine Curryblätter erhältlich sind, dann können Sie sie einfach weglassen. Sie können nicht durch Currypulver ersetzt werden.
In der Testphase können Sie den Brokkoli durch grüne Bohnen ersetzen, so wie auf dem Foto rechts abgebildet.

Rindergulasch mit Kartoffelklößen

Für 4 Portionen

Zubereitungszeit: 20 Minuten
Schmorzeit: 180 Minuten

Zutaten

Für das Gulasch

200 g Zwiebeln
2 Knoblauchzehen
2 EL Olivenöl
1 kg Rindfleisch
750 ml Rinderbrühe
4 TL Paprikapulver, edelsüß
1 EL Majoran
1 TL Salz
1 EL Maisstärke
3–4 EL Wasser

Für die Klöße

750 g Kartoffeln, mehligkochend
50 g Dinkelmehl, Type 630
50 g Kartoffelmehl
1 gestrichener TL Salz
20 g Dinkelgrieß
4 EL Petersilie, frisch

Außerdem

Kartoffelpresse

Zubereitung

Zwiebeln schälen, halbieren und in Streifen schneiden. Knoblauch schälen und fein hacken.

1 EL Öl in einem Topf erhitzen und darin das Fleisch portionsweise anbraten. Anschließend beiseitestellen.

Das restliche Öl im Topf erhitzen und die Zwiebeln für 1–2 Minuten anbraten. Knoblauch dazugeben und 1 Minute mitbraten. Mit einem Schluck Rinderbrühe ablöschen. Kurz köcheln lassen, dann den Rest der Rinderbrühe dazugeben und aufkochen lassen.

Paprikapulver und Majoran untermengen und das Fleisch in den Topf zurückgeben. Für etwa 3 Stunden mit Deckel köcheln lassen. Ab und zu umrühren.

Derweil die Kartoffeln grob waschen und in Salzwasser gar kochen. Abgießen, pellen und noch heiß durch die Presse geben. Mit Dinkelmehl, Kartoffelmehl, Salz und Dinkelgrieß vermischen. Ca. 8 Knödel formen und in kochendes Salzwasser legen. Bei niedriger Hitze ca. 15–20 Minuten garen.

Am Ende das Gulasch mit Salz abschmecken und mit der in Wasser angerührten Speisestärke abbinden, sodass die Sauce etwas sämiger wird. Petersilie waschen, fein hacken und über die angerichteten Teller geben.

Kabeljau mit Kartoffelbrei à la Skordalia

Für 4 Portionen

Zubereitungszeit: 45 Minuten

Zutaten

Für den Kartoffelbrei

1 kg Kartoffeln, mehligkochend
200 ml Dinkel- oder Haferdrink
80 ml Olivenöl
2–3 EL Apfelessig
½ TL Salz
8 Knoblauchzehen
6 EL Olivenöl

Für das Petersilienöl

½ Bund Petersilie, glatt
3–4 EL Wasser
40–50 ml Olivenöl
½ TL Salz

Für den Fisch

600–800 g Kabeljaufilet, frisch oder TK
½ TL Salz
60 g Dinkelmehl, Type 630
60 g Kartoffelmehl
2 EL Olivenöl

Zubereitung

Kartoffeln mit Schale bei geschlossenem Deckel und mittlerer Hitze ca. 20 Minuten in Salzwasser weich garen. Abgießen, kurz ausdampfen lassen und schälen. Unter Zugabe des Pflanzendrinks und des Olivenöls zu Brei stampfen. Den Apfelessig unterrühren und mit Salz abschmecken. Knoblauchzehen schälen, pressen und in dem Öl glasig anbraten. Anschließend unter den Kartoffelbrei rühren.

Die Petersilie waschen, grob hacken und mit etwas Wasser im Standmixer pürieren. Das Öl unterrühren und kurz mixen, bis eine homogene Masse entsteht. Mit Salz abschmecken.

Den frischen oder aufgetauten Fisch waschen, trocken tupfen und salzen. Die Mehle für die Panade vermischen und den Fisch durch die Panade ziehen. Abklopfen und ein- bis zweimal wiederholen. Das Öl in eine beschichtete Pfanne geben und erhitzen. Den Kabeljau hineingeben und auf jeder Seite ca. 4 Minuten braten, bis die Panade leicht bräunlich und der Fisch gar ist.

Kartoffelbrei und Fisch auf Tellern anrichten und mit dem Petersilienöl beträufeln.

AUS DEM OFEN

Nudel-Fisch-Auflauf

Für 4 Portionen

Zubereitungszeit: 20 Minuten
Backzeit: 20 Minuten

Zutaten

200 g Dinkelvollkornspaghetti
400 g Brokkoli
1 große Zwiebel (ca. 80 g)
3 EL Olivenöl
½ TL Salz
4 leicht gehäufte EL Dinkelvollkornmehl
500 ml Dinkel- oder Haferdrink
2 TL Gemüsebrühepulver (ohne Hefeextrakt)
½ TL Salz
500 g Kabeljaufilet, frisch oder TK und angetaut
½ TL Salz

Zubereitung

Den Backofen auf 200 °C (Umluft) vorheizen.

Nudeln nach Packungsanleitung kochen, abgießen und beiseitestellen.

Den Brokkoli waschen und in mundgerechte Röschen teilen. In Salzwasser 5 Minuten garen.

Zwiebel schälen und würfeln. Das Öl in einem Topf erhitzen und die Zwiebelwürfel darin andünsten, bis sie glasig sind. Salzen. Anschließend das Mehl darüberstreuen und anschwitzen.

Pflanzendrink mit Gemüsebrühepulver vermischen. Nach und nach mit in den Topf geben und mit einem Schneebesen verrühren. 5 Minuten köcheln lassen. Anschließend salzen.

Fisch ggf. waschen, trocken tupfen, würfeln und salzen. Wenn TK, dann nur würfeln und salzen. Nudeln zusammen mit Fisch und Gemüse in eine ofenfeste Form geben. Mit der Sauce übergießen und 15–20 Minuten backen.

TIPP

Für eine vegane Variante zwei bis drei Karotten schälen, in ca. 1 cm dicke Scheiben schneiden und mit dem Brokkoli vorab garen.

Lachsforelle aus dem Backofen

Für 4 Portionen

Zubereitungszeit: 25 Minuten
Backzeit: 35 Minuten

Zutaten

2 Lachsforellen
½ TL Salz
2 EL Dill, frisch
2 EL Thymian, getrocknet
4 EL Olivenöl
½ TL Salz
4 Knoblauchzehen
2 Karotten (je ca. 150 g)
1 große Fenchelknolle (ca. 500 g)
2 EL Olivenöl
½ TL Salz
1 kg Drillinge
3 EL Olivenöl
½ TL Salz
½ Bund Petersilie
Olivenöl für die Backform

Zubereitung

Den Ofen auf 180 °C (Umluft) vorheizen.

Die Lachsforellen gründlich waschen und trocken tupfen. Die Haut mehrmals mit einem scharfen Messer auf der oben liegenden Seite quer einschneiden (bis zu den Gräten) und mit Salz würzen.

Den Dill fein hacken und in einer kleinen Schüssel mit Thymian, Olivenöl und Salz verrühren. Anschließend die Einschnitte des Fisches mit der Masse füllen. Dazu mit einem Löffel portionieren und mit dem Finger hineindrücken.

Knoblauch schälen und in grobe Scheiben schneiden. Karotten schälen und in 1,5 cm dicke Scheiben schneiden. Den Fenchel waschen und in 1 cm dicke Scheiben schneiden. Mit dem Knoblauch in eine Schüssel geben und mit 1 EL Öl und Salz vermengen.

Danach den Fisch in eine große, ofenfeste, eingeölte Backform geben. Gemüse rundherum verteilen und im Backofen ca. 35 Minuten lang garen.

Derweil die Drillinge waschen und halbieren. Das Öl in eine Pfanne geben und die Kartoffeln darin für etwa 20–25 Minuten gar braten. Salzen und ab und zu wenden.

Die Petersilie waschen und fein hacken. Filets aus der Forelle lösen und mit den Kartoffeln und dem Gemüse anrichten. Mit Petersilie bestreuen und servieren.

Paprika-Zucchini-Pizza

Für 1 Pizza/4 Portionen

Zubereitungszeit: 60 Minuten
Backzeit: 10 Minuten

Zutaten

440 g Paprika, rot
350 g Zucchini
1 EL Olivenöl
½ TL Salz
3 Knoblauchzehen
1 TL Olivenöl
1 Zwiebel, rot
½ TL Salz
½ TL Oregano
½ TL Thymian, getrocknet
½ TL Rosmarin, getrocknet
1 EL Olivenöl
½ TL Ahornsirup

Für den Teig

400 g Dinkelvollkornmehl
1 gestrichener TL Salz
4 leicht gehäufte TL Backpulver
260 ml Dinkel- oder Haferdrink
2 EL Olivenöl
Olivenöl für das Backblech
½ TL grobes Meersalz

Außerdem

Backpapier

Zubereitung

Den Backofen auf 275 °C (Grill) vorheizen. Ein Backblech mit Backpapier auslegen.

Paprika waschen, entkernen und in grobe Würfel schneiden. In einen beschichteten Topf geben und ohne Deckel bei mittlerer Hitze 15 Minuten schmoren. Dabei gelegentlich umrühren, damit nichts anhaftet. Anschließend bei geschlossenem Deckel und etwas reduzierter Hitze für ca. 40 Minuten schmoren.

Derweil die Zucchini waschen und längs in dünne Streifen schneiden. Auf das Backblech geben, mit Öl beträufeln und salzen. Im oberen Drittel des Backofens ca. 15 Minuten backen. Anschließend auf einen Teller geben und beiseitestellen.

Den Ofen auf 250 °C (Umluft) schalten.

Knoblauch schälen und in Scheiben schneiden. In einer Pfanne mit etwas Öl kurz glasig anbraten und beiseitelegen. Die Zwiebel schälen, halbieren und in Scheiben schneiden.

Die Paprika am Ende der Kochzeit probieren. Sie sollten leicht süßlich schmecken. In ein hochwandiges Gefäß geben und salzen. Mit einem Stabmixer pürieren. Oregano, Thymian, Rosmarin und Olivenöl dazugeben. Ggf. mit etwas Ahornsirup abschmecken.

Für den Teig Mehl mit Salz und Backpulver vermengen. Anschließend Pflanzendrink und Öl dazugeben und gut verkneten. Zu einer gleichmäßigen Teigkugel formen. Ein Backblech großzügig mit Öl einfetten. Den Teig darauf mit leicht befeuchteten Händen ausziehen.

Paprikamasse auf der Pizza verteilen und mit Zucchinischeiben sowie Zwiebeln und Knoblauch belegen. Für 10 Minuten in den Backofen geben. Anschließend mit grobem Meersalz würzen und servieren.

Orientalische Blumenkohlschnitzel mit Tahin-Kartoffelbrei

Für 4 Portionen

Zubereitungszeit: 25 Minuten
Backzeit: 35 Minuten

Zutaten

3 mittelgroße Blumenkohlköpfe (je ca. 660 g)
1,2 kg Kartoffeln, mehligkochend
300 ml Kokosdrink (kein Kokoswasser)
4 EL Sesamöl
45 g Tahin (Sesampaste)
½ TL Salz
1 EL Sesam

Für die Marinade

1 TL Fenchel
2 TL Koriandersamen
3 TL Paprikapulver, edelsüß
2 TL Kurkumapulver
1 TL Salz
120 g Olivenöl

Für das Korianderpesto

2 Knoblauchzehen
1 EL Olivenöl
20 g Koriander, frisch
2 TL Apfelessig
50 ml Olivenöl
½ TL Salz

Außerdem

Backpapier
Mörser

Zubereitung

Den Backofen auf 200 °C (Ober-/Unterhitze) vorheizen. 2 Backbleche mit Backpapier auslegen.

Blumenkohl putzen und ggf. Blätter abschneiden. Den Stiel dranlassen. Auf den Stiel stellen und vom Kopf des Kohls nach unten in Richtung Stiel schneiden. Dabei in der Mitte beginnen. Pro Blumenkohl kommen dabei etwa 3 Scheiben à ca. 1,5 cm heraus.

Für die Marinade Fenchel und Koriandersamen ohne Öl in einer Pfanne anbraten. Anschließend im Mörser fein zerreiben. Mit Paprikapulver und Kurkuma sowie Salz vermischen.
Öl dazugeben und unterrühren.

Die Blumenkohlschnitzel auf die Backbleche legen und die Marinade mit einem Pinsel großzügig darauf verteilen. Für 30–35 Minuten in den Backofen stellen. Nach 15 Minuten das obere und das untere Blech vertauschen. Anschließend im Ofen warmhalten.

Die ungeschälten Kartoffeln aufsetzen und gar kochen.

Derweil das Korianderpesto zubereiten. Dazu den Knoblauch schälen, grob hacken und in etwas Öl glasig braten. Koriander waschen und zusammen mit Knoblauch, Apfelessig sowie 20 ml des Olivenöls in einen Mixer geben und kurz mixen. Dann das restliche Olivenöl unterrühren und mit Salz abschmecken.

Die fertig gekochten Kartoffeln schälen und unter Zugabe des Kokosdrinks zerstampfen. Sesamöl und Tahin unterrühren, den Kartoffelbrei mit Salz abschmecken.

Kartoffelbrei und je zwei Blumenkohlschnitzel auf Tellern anrichten. Das Korianderpesto über den Kartoffelbrei träufeln und den Blumenkohl mit etwas Sesam bestreuen.

Brokkoli-Pizza

Für 1 Pizzablech/4 Portionen

Zubereitungszeit: 70 Minuten
Backzeit: 15 Minuten

Zutaten

1½ große Brokkoliköpfe (ca. 500 g)
150 g Zwiebeln, rot

Für die „Nomato“-Sauce

160 g Karotten
80 g Rote Bete, roh
30 g Knollensellerie
2 kleine Zwiebeln (je ca. 75 g)
3 Knoblauchzehen
1 EL Olivenöl
90 ml Gemüsebrühe
½ TL Kurkumapulver
½ TL Salz
1 EL Apfelessig
½ TL Oregano, getrocknet
Olivenöl für das Backblech
1 TL Oregano, getrocknet
½ TL grobes Meersalz
4 EL Olivenöl

Für den Teig

400 g Dinkelvollkornmehl
1 TL Salz
4 leicht gehäufte TL Backpulver
260 ml Dinkel- oder Haferdrink
2 EL Olivenöl

TIPP

Die „Nomato“-Sauce eignet sich auch als Ketchup oder mit etwas Wasser verdünnt als Pastasauce.

Zubereitung

Den Backofen auf 250 °C (Umluft) vorheizen.

Die „Nomato“-Sauce zubereiten. Dazu Karotten, Rote Bete und Knollensellerie schälen und in grobe Würfel schneiden. Zwiebeln schälen und grob würfeln. Knoblauch schälen und grob hacken. Die Zwiebeln in einem größeren Topf mit dem Öl für 10 Minuten glasig braten. Dann den Knoblauch dazugeben und kurz mitbraten.

Die Gemüsebrühe anrühren. Anschließend Gemüsewürfel und Kurkumapulver in den Topf geben und vermischen. Mit der Gemüsebrühe ablöschen. Abdecken und ca. 30 Minuten köcheln lassen. Nach Ende der Kochzeit mit einem Stabmixer fein pürieren, mit Salz, Apfelessig und Oregano würzen und anschließend beiseitestellen.

Brokkoli waschen und in kleine Röschen teilen. Für ca. 8–10 Minuten in einem Topf dünsten. Zwiebeln schälen, halbieren und in Streifen schneiden.

Für den Teig Mehl, Salz und Backpulver mischen und mit dem Pflanzendrink und dem Öl verkneten. Zu einer gleichmäßigen Teigkugel formen. Ein Backblech großzügig ölen und den Teig darauf ausziehen. Die „Nomato“-Sauce mit einem Löffel darauf verteilen.

Brokkoli und Zwiebeln auf die Pizza geben und Oregano sowie Meersalz darüberstreuen. Auf der mittleren Schiene für 10–15 Minuten backen. Anschließend mit Olivenöl beträufeln und servieren.

Ofenhühnchen mit Reis und Cranberries

Für 4 Portionen

Zubereitungszeit: 20 Minuten
Backzeit: 65 Minuten

Zutaten

1 große Zwiebel (ca. 90 g)
2 Knoblauchzehen
2 EL Olivenöl
4 große Hähnchenschenkel
300 g Langkornreis
400 ml Hühnerbrühe
300 ml Wasser
2 EL Olivenöl
20 g Cranberries, getrocknet und ungesüßt
½ Bund Petersilie (ca. 20 g)

Für die Gewürzmischung

2 TL Paprikapulver, edelsüß
2 TL Thymian
1 TL Knoblauchpulver
1 TL Zwiebelpulver
1½ TL Salz

Außerdem

Alufolie

Zubereitung

Den Backofen auf 180 °C (Umluft) vorheizen.

Zwiebel schälen und grob hacken. Knoblauch schälen und in Scheiben schneiden. Mit dem Öl vermischen, in eine ofenfeste Form geben und für 15 Minuten in den Backofen stellen.

Die Hähnchenschenkel waschen und trocken tupfen. Die Gewürze mit dem Salz vermischen und das Hühnchen beidseitig mit der Gewürzmischung einreiben.

Die Zwiebel-Knoblauch-Mischung aus dem Ofen nehmen und den rohen Reis dazugeben. Das Hühnchen auf den Reis legen, Brühe und Wasser in die Form gießen, mit Alufolie abdecken und für 30 Minuten in den Backofen stellen. Anschließend die Folie entfernen und etwas Öl über die Hähnchenschenkel geben. Nochmals 20 Minuten backen. 5 Minuten vor Ende der Garzeit die Cranberries unter den Reis mischen.

Die Form aus dem Backofen nehmen und 5 Minuten auskühlen lassen. Derweil die Petersilie waschen und hacken.

Die Hähnchenschenkel beiseitelegen. Den Reis mit einer Gabel auflockern und die Petersilie untermischen. Anschließend alles auf Tellern anrichten und servieren.

Fischblech mit Gemüse

Für 4 Portionen

Zubereitungszeit: 25 Minuten
Backzeit: 30 Minuten

Zutaten

500 g Kartoffeln
1 Zwiebel (ca. 80 g)
1–2 Fenchelknollen
3 Karotten
4 Knoblauchzehen
150 ml Olivenöl
1 TL grobes Salz
800 g Kabeljaufilet
½ TL Salz
1 Bund Petersilie

TIPP

Dieses Gemüseblech kann auch vegan ohne den Fisch zubereitet werden. Dazu einfach etwas mehr Kartoffeln und Gemüse nehmen. Weitere geeignete Gemüsesorten sind z. B. Kürbis und Zucchini. Oder Sie ergänzen das Rezept durch eine Portion Reis.

Zubereitung

Den Ofen auf 180 °C (Umluft) vorheizen und ein Backblech mit Backpapier auslegen.

Die Kartoffeln waschen und in ca. 1 cm dicke Scheiben schneiden. Für ca. 15 Minuten in ausreichend Salzwasser vorkochen.

Zwiebel schälen, halbieren und in etwas dickere Scheiben schneiden. Fenchel waschen und die Enden abschneiden. Anschließend halbieren und in 1,5 cm dicke Schneiben schneiden. Karotten schälen und ebenfalls in 1,5 cm breite Scheiben schneiden. Den Knoblauch schälen und klein hacken.

Das Gemüse auf dem Backblech verteilen und den Knoblauch untermengen. Das Öl darübergeben und mit Salz würzen.

Den Fisch waschen, trocken tupfen und mit Salz würzen.

Das Gemüse für 15–20 Minuten im Backofen garen. Danach den Fisch ebenfalls auf das Blech geben und weitere 10 Minuten schmoren. Anschließend aus dem Backofen nehmen.

Die Petersilie waschen, hacken und über dem Blech verteilen. Auf Tellern anrichten und servieren.

Kürbis-Grünkohl-Lasagne

Für 4 Portionen

Zubereitungszeit: 30 Minuten
Backzeit: 43 Minuten

Zutaten

- 600 g Hokkaidokürbis
- 4 EL Balsamico
- 4 EL Olivenöl
- 1 TL Salz
- 8 Dinkel-Lasagneplatten
- 2 Knoblauchzehen
- 2 EL Olivenöl
- 300 g Grünkohl, TK
- ½ TL Salz
- Olivenöl für die Backform

Für die Béchamelsauce

- 470 ml Dinkel- oder Haferdrink
- 2 gehäufte TL Gemüsebrühepulver (ohne Hefeextrakt)
- 1½ gestrichene TL Salz
- 4 EL Olivenöl
- 5 EL Dinkelvollkornmehl

Zubereitung

Backofen auf 200 °C (Ober-/Unterhitze) vorheizen und ein Backblech mit Backpapier auslegen.

Den Kürbis gut waschen, halbieren, entkernen und in 1 cm breite Streifen schneiden. In eine Schüssel geben und mit Balsamico, Olivenöl und Salz vermengen. Kürbisspalten so auf das Backblech legen, dass sie möglichst nicht übereinander liegen. Für 20 Minuten im oberen Drittel backen. Am Ende den Grill auf volle Stufe stellen und ca. 3 Minuten grillen. Hier sollten Sie dabeibleiben, damit nichts verbrennt. Anschließend die Kürbisspalten herausnehmen und beiseitestellen. Den Backofen auf 190 °C (Ober-/Unterhitze) einstellen.

Für die Béchamelsauce den Pflanzendrink mit Gemüsebrühepulver und Salz vermischen. Öl in einem Topf erhitzen. Mehl einstreuen und verrühren. Anschließend nach und nach den Pflanzendrink mit dem Schneebesen unterrühren und 8–10 Minuten köcheln lassen.

Lasagneplatten nach Anleitung kochen und mit kaltem Wasser abschrecken. Bis zur Verwendung in einer Schüssel mit kaltem Wasser aufbewahren.

Knoblauchzehen schälen und hacken. In einer Pfanne mit Öl glasig braten. Den aufgetauten Grünkohl dazugeben und mitbraten, bis er warm ist. Anschließend salzen.

Eine ofenfeste Form mit etwas Öl bepinseln und die Lasagne darin schichten. Dazu zwei Lasagneplatten hineingeben und darauf etwas Béchamelsauce verteilen. Nun Grünkohl und Kürbis daraufgeben. Diesen Vorgang mehrmals wiederholen und mit Béchamelsauce abschließen.

Für 20 Minuten auf mittlerer Schiene backen, bis die Béchamelsauce etwas Farbe angenommen hat.

SÜSSES UND SNACKS

Rote Grütze

Für 4 Portionen

Zubereitungszeit: 10 Minuten
Abkühlzeit: 30 Minuten

Zutaten

600 g gemischte Beeren: Brom-, Heidel- und Johannisbeeren, frisch oder TK
½ l Traubensaft, naturtrüb und ungezuckert
4 EL Maisstärke
1–2 EL Ahornsirup

Zubereitung

Wenn die Beeren frisch sind, waschen. Wenn sie gefroren sind, auftauen und etwas abtropfen lassen.

Etwa 6 EL Saft mit der Speisestärke verrühren. Den restlichen Saft aufkochen, dann die Stärkemischung mit einem Schneebesen einrühren und andicken lassen. Die Beeren hinzugeben und für 1–2 Minuten mitkochen. Ahornsirup unterrühren.

Anschließend mindestens 30 Minuten abkühlen lassen und im Kühlschrank lagern.

TIPP

Die rote Grütze schmeckt auch prima als Marmelade.

Apfel-Heidelbeer-Muffins

Für ca. 9 Stück

Zubereitungszeit: 10 Minuten
Backzeit: 25 Minuten

Zutaten

280 g Dinkelvollkornmehl
Prise Salz
15 g Weinsteinbackpulver
2 EL Apfelmus, ungesüßt
70 ml Raps- oder Backöl, raffiniert
150 g Ahornsirup
150 ml Mineralwasser
90 g Heidelbeeren, frisch oder TK
1 Apfel (ca. 100 g)
Außerdem
Muffinform
1 EL Raps- oder Backöl, raffiniert

Zubereitung

Den Backofen auf 180 °C (Ober-/Unterhitze) vorheizen. Die Muffinform fetten.

Mehl, Salz, Backpulver in einer Schüssel vermischen. Apfelmus, Öl, Ahornsirup und Mineralwasser unterrühren, dann die (aufgetauten) Heidelbeeren dazugeben. Den Apfel waschen, wenn gewünscht schälen und in kleine Würfel schneiden. Mit in die Schüssel geben und alles vermengen.

Die Teigmasse mit einem Löffel in die Mulden der Muffinform geben. Anschließend 20–25 Minuten backen. Vor dem Verzehr abkühlen lassen.

Saatencracker

Für ca. 18 Cracker

Zubereitungszeit: 10 Minuten
Einweichzeit: 15 Minuten
Backzeit: 25 Minuten

Zutaten

- 2½ EL Chiasamen
- 80 g Leinsamen
- 120 ml Wasser
- 1 EL Olivenöl
- 1 EL Leinsamenmehl
- 20 g Reisvollkornmehl
- 1 Msp. Natron
- ½ TL Salz

Zubereitung

Den Backofen auf 170 °C (Umluft) vorheizen. Ein Backblech mit Backpapier auslegen.

Die Chiasamen mit den Leinsamen in einer Schüssel vermischen. Das Wasser hinzugeben und 15 Minuten einweichen lassen. Anschließend mit den restlichen Zutaten vermischen und verkneten. Wenn nötig, mehr Wasser hinzugeben.

Mit einem feuchten Esslöffel kleine Häufchen der Masse auf dem Backblech verteilen und plattdrücken. Immer wieder den Löffel befeuchten. Am Ende alle Cracker mit etwas Wasser bepinseln.

Für etwa 25 Minuten knusprig backen. Vor dem Verzehr vollständig auskühlen lassen.

TIPP

Bei den Saatencrackern können Sie kreativ werden, was die Zutaten anbelangt. Probieren Sie zum Beispiel sehr klein gehackte Kürbiskerne oder geben Sie verträgliche Gewürze wie Kurkumapulver hinzu.

Fruchtige Haferriegel

Für ca. 10 Riegel

Zubereitungszeit: 10 Minuten
Backzeit: 30 Minuten
Auskühlzeit: 60 Minuten

Zutaten

110 g Hafermehl
70 g Haferflocken, Feinblatt
30 g Kokosraspel
2 EL Chiasamen
½ TL Salz
30 g Cranberries
30 g Kokosöl
200 g Apfelmus oder Apfelmark, ungesüßt
80 g Ahornsirup

Außerdem

1 TL Raps- oder Backöl, raffiniert
Kleine, rechteckige Backform

Zubereitung

Den Backofen auf 190 °C (Ober-/Unterhitze) vorheizen. Die Backform mit etwas Öl einfetten.

Hafermehl, Haferflocken, Kokosraspel, Chiasamen und Salz in einer mittelgroßen Schüssel vermengen. Cranberries klein hacken und mit in die Schüssel geben. Kokosöl in einem kleinen Topf schmelzen und mit Apfelmus und Ahornsirup zu den restlichen Zutaten geben. Mit einem Löffel gut verrühren.

Die Masse in die Backform füllen und mit einem Esslöffel fest andrücken. Im unteren Drittel des Backofens für ca. 25–30 Minuten backen. Anschließend 30 Minuten auskühlen lassen.

In Riegel schneiden und diese auf einem Gitter für weitere 30 Minuten vollständig trocknen und auskühlen lassen.

Apple-Crumble

Für 4 Portionen

Zubereitungszeit: 15 Minuten
Backzeit: 25 Minuten

Zutaten

500 g Äpfel
30 g Cranberries, frisch oder getrocknet
30 g Ahornsirup
1 TL Raps- oder Backöl, raffiniert
90 g Dinkelvollkornmehl
80 g Haferflocken, Feinblatt
70 g Ahornsirup
60 g Raps- oder Backöl, raffiniert

Zubereitung

Den Backofen auf 200 °C (Ober-/Unterhitze) vorheizen.

Die Äpfel schälen, in Viertel schneiden und entkernen. Dann grob würfeln. Mit Cranberries und Ahornsirup mischen und in eine ofenfeste, eingeölte Form geben.

Die Zutaten für die Streusel vermischen und zu Krümeln verarbeiten. Um eine krümelige Konsistenz zu erreichen, ggf. noch etwas mehr Mehl oder Haferflocken unterkneten.

Streuselmasse über die Äpfel geben und im Backofen für 25 Minuten backen, bis die Streusel knusprig-braun sind.

TIPP

Sie können statt der Äpfel je nach Geschmack auch Brom- oder Heidelbeeren verwenden.

Kardamom-Pistazien-Cookies

Für ca. 25 Plätzchen

Zubereitungszeit: 20 Minuten
Backzeit: 10–12 Minuten

Zutaten

60 g Pistazienkerne
210 g Dinkel- oder Vollkornmehl, Type 630
½ TL Kardamom, gemahlen
½ TL Salz
70 g Raps- oder Backöl, raffiniert
90 g Ahornsirup

Zubereitung

Den Backofen auf 175 °C (Umluft) vorheizen. Ein Backblech mit Backpapier auslegen.

Pistazien in einer Pfanne ohne Öl rösten. Anschließend grob hacken und beiseitestellen.

Alle trockenen Zutaten vermischen. Dann alle feuchten Zutaten dazugeben und verkneten. Am Ende die Pistazien unterkneten und den Teig zu einer dicken Rolle formen.

Von der Rolle mit einem scharfen Messer ca. 1,5 cm dicke Scheiben abschneiden, zu runden Plätzchen formen und auf dem Backblech verteilen. Auf der mittleren Schiene ca. 10–12 Minuten backen. Vor dem Verzehr auf einem Gitter auskühlen lassen.

Mahallebi – arabischer Pudding mit Kardamom

Für 4 Portionen

Zubereitungszeit: 15 Minuten

Zutaten

500 ml Kokosdrink (kein Kokoswasser)
45 g Maisstärke
½ TL Kardamom, gemahlen
½ TL Salz
40 g Ahornsirup
½ Kaki
15 g Pistazien

Zubereitung

6 EL des Kokosdrinks mit der Speisestärke vermischen. Kardamom, Salz und Ahornsirup dazugeben und gut verrühren.

Den restlichen Kokosdrink in einem Topf aufkochen, dann kurz von der Platte nehmen und mit einem Schneebesen die Stärkemischung unterrühren. Zurück auf die Kochplatte stellen und mit einem Schneebesen kontinuierlich rühren, während der Pudding 2–3 Minuten lang eindickt. Anschließend in Dessertschälchen füllen.

Kaki waschen, halbieren und in Spalten schneiden. Die Pistazien grob hacken und in einer Pfanne ohne Öl anrösten. Den Pudding mit der Kaki und den Pistazien garnieren.

TIPP

Dieses Rezept schmeckt auch mit Milchreis statt Pudding ausgezeichnet. Statt der Kaki kann man hier auch Passionsfrucht verwenden.

Carrot Cake

Für 8 Portionen

Einweichzeit: 3–4 Stunden
Zubereitungszeit: 15 Minuten
Backzeit: 40 Minuten
Auskühlzeit: 15 Minuten

Zutaten

250 g Karotten
90 g Raps- oder Backöl, raffiniert
120 g Ahornsirup
1 TL Apfelessig
1 Prise Salz
15 g Maisstärke
130 g Dinkelvollkornmehl
100 g Erdmandeln, gemahlen
1½ TL Weinsteinbackpulver
½ TL Natron
1 EL Raps- oder Backöl, raffiniert

Für das Frosting

80 g Macadamianüsse
80 ml Kokosdrink (kein Kokoswasser)
40 g Ahornsirup
Prise Salz

Außerdem

Kastenbackform (ca. 20 cm)

Zubereitung

Macadamianüsse 3–4 Stunden in Wasser einweichen.

Den Backofen auf 180 °C (Ober-/Unterhitze) vorheizen. Die Kastenbackform mit Öl auspinseln.

Für das Frosting die Macadamianüsse mit Kokosdrink, Ahornsirup und Salz in einem Standmixer fein pürieren. Anschließend kaltstellen.

Karotten schälen und fein raspeln. Mit Öl, Ahornsirup, Apfelessig und Salz in eine Schüssel geben und vermengen. Anschließend Stärke, Mehl, Erdmandeln, Backpulver und Natron unterrühren. Wenn die Masse zu feucht sein sollte, einfach etwas mehr Mehl dazugeben. Den Teig in die Kastenbackform füllen und auf mittlerer Schiene ca. 40 Minuten backen. Am Ende Stäbchenprobe machen.

Den Kuchen auskühlen lassen und anschließend das Frosting darauf verteilen.

Heidelbeertarte

Für 8 Portionen

Zubereitungszeit: 15 Minuten
Backzeit: 45 Minuten
Auskühlzeit: 2 Stunden

Zutaten

300 g Heidelbeeren, TK

Für den Guss

250 ml Haferdrink
100 g Ahornsirup
40 g Maisstärke

Für den Teig

250 g Dinkelvollkornmehl
½ TL Salz
70 g Ahornsirup
100 ml Raps- oder Backöl, raffiniert
30 ml Dinkel- oder Haferdrink aus dem Kühlschrank

Außerdem

Frischhaltefolie
Tarteform (ca. 25 cm Durchmesser)

Zubereitung

Backofen auf 175 °C (Ober-/Unterhitze) vorheizen. Die Tarteform mit Backpapier auslegen.

Haferdrink und Ahornsirup in eine Schüssel geben. Anschließend Speisestärke mit einem Schneebesen klümpchenfei unterrühren und die Mischung beiseitestellen.

Das Mehl in eine Rührschüssel sieben. Salz dazugeben und vermischen. Ahornsirup und Öl unterrühren, dann den Pflanzendrink dazugeben und vermischen.

Den Teig zwischen Frischhaltefolie ausrollen. Dabei darauf achten, dass der Durchmesser etwas größer ist als der Boden der Tarteform. Anschließend den Teig auf die Tarteform bringen und gründlich an Boden und Rand festdrücken. Mit einer Gabel mehrfach einstechen.

Die aufgetauten Beeren auf dem Teig verteilen und den vorbereiteten Guss gleichmäßig darübergeben.

Tarte für 40–45 Minuten im unteren Drittel backen. Kurz auskühlen lassen und anschließend für ca. 2 Stunden in den Kühlschrank stellen.

TIPP

Der Teig muss – anders als gängiger Mürbeteig – vor der Verwendung nicht gekühlt werden.

Brombeer-Crostata

Für 1 Crostata (ca. 4 Portionen)

Zubereitungszeit: 15 Minuten
Backzeit: 35 Minuten

Zutaten

400 g Brombeeren, TK
100 g Ahornsirup
15 g Maisstärke
½ TL Kardamom, gemahlen

Für den Teig

200 g Dinkelvollkornmehl
½ TL Salz
80 ml Raps- oder Backöl, raffiniert
45 ml Dinkel- oder Haferdrink
50 g Ahornsirup

Außerdem

1 EL Dinkel- oder Haferdrink

TIPP

Damit das Nudelholz beim Ausrollen des Teigs nicht kleben bleibt, können Sie Frischhaltefolie auf den Teig legen.

Zubereitung

Den Backofen auf 200 °C (Ober-/Unterhitze) vorheizen. Ein Backblech mit Backpapier auslegen.

Etwa 4 EL Saft der aufgetauten Brombeeren in einer kleinen Schüssel auffangen. Brombeeren und Ahornsirup in einen kleinen Topf geben und erhitzen. Die Brombeeren leicht zerdrücken.

Den Abtropfsaft mit Maisstärke und Kardamom verrühren und mit in den Topf geben. Unter ständigem Rühren ca. 2–3 Minuten aufkochen, bis die Masse angedickt ist. Anschließend beiseitestellen.

Mehl und Salz vermischen. Öl, Pflanzendrink und Ahornsirup dazugeben und unterrühren.

Den Teig auf dem Backblech ausrollen (ca. 24 cm Durchmesser). Die leicht abgekühlte Beerenmischung in die Mitte des Teigs geben und an den Seiten 4–5 cm freilassen. Den Teigrand in Richtung Mitte über die Brombeeren klappen.

Die Ränder mit dem Pflanzendrink bestreichen und das Ganze im unteren Drittel des Backofens 30–35 Minuten backen, bis der Rand goldbraun ist.

Vor dem Verzehr ca. 15–20 Minuten auskühlen lassen.

SCHLUSSWORT

Nach der Lektüre dieses Buches werden Sie vielleicht auf manches verzichten, vielleicht aber auch andere, neue Speisen entdecken, die zu Ihren Lieblingsgerichten werden. Vielleicht profitieren Sie alleine schon davon, dass Sie die Zusammenhänge zwischen einem auftretenden Schub und dem letzten Abendessen kennen. Ganz egal, wie und wozu Sie mein Buch verwenden, ich wünsche mir, dass es Ihnen dabei hilft, Ihre Rosacea in den Griff zu bekommen – so, wie meine Ernährungsmethode auch mir geholfen hat.

Wichtig ist, dass Sie auf Ihrer Reise zu beruhigter Haut auf das Ziel fokussiert bleiben und den Spaß sowie den Genuss am Essen nicht verlieren.

Ich möchte Sie nochmals dazu ermutigen, sich nach der konsequenten Karenzphase selbst auf die Suche nach neuen Lieblingsspeisen zu machen, die nicht nur Ihnen, sondern auch Ihrer Rosacea guttun. Sehr viele, eigentlich unverträgliche Speisen lassen sich durch ein paar Änderungen in geeignete Varianten verwandeln. Also seien Sie kreativ und entwickeln Sie eigene Rezepte. Sie kennen durch mein Buch nun die Grundlagen einer rosaceafreundlichen Ernährung und wissen, worauf es ankommt.

Ich wünsche Ihnen viel Spaß
auf Ihrer Reise!

PS. Bedanken möchte ich mich ganz herzlich bei Torsten, meiner Familie, Vanessa, Katja Koschate und Meike Key.

QUELLEN

1 Tan J, Schöfer H, Araviiskaia E, et al. Prevalence of rosacea in the general population of Germany and Russia – The RISE study. J Eur Acad Dermatol Venereol. 2016; 30(3): 428–434. doi: https://doi.org/10.1111/jdv.13556. Stand 03.01.2021.

2 Altmeyer P, Hempel C. Rosazea. www.altmeyers.org/de/dermatologie/rosazea-3555. Stand 03.01.2021.

3 Ahn C, Huang W. Rosacea Pathogenesis. Dermatologic Clinics. 2018; 36(2): 81–86. doi: https://doi.org/10.1016/j.det.2017.11.001. Stand 03.01.2021.

4 Reinholz M, Ruzicka T, et al. Pathogenese und Klinik der Rosazea als Schlüssel für eine symptomorientierte Therapie. Deutsche Dermatologische Gesellschaft. 2016; 14(S6): 4–16.8. doi: https://doi.org/10.1111/ddg.13139_g. Stand 03.01.2021.

5 Altmeyer P, Hempel C. Rosazea. www.altmeyers.org/de/dermatologie/rosazea-3555. Stand 03.01.2021.

6 Reinholz M, Tietze J, Kilian, K, et al. Leitlinie der Deutschen Dermatologischen Gesellschaft Rosazea. 2013. https://www.awmf.org/leitlinien/detail/ll/013-065.html. Stand 03.01.2021.

7 National Rosacea Society. Hot Sauce, Wine And Tomatoes Cause Flare-Ups, Survey Finds. 2005. www.rosacea.org/rosacea-review/2005/fall/hot-sauce-wine-and-tomatoes-cause-flare-ups-survey-finds. Stand 03.01.2021.

8 National Rosacea Society. Survey: Avoiding Dietary Triggers May Reduce Rosacea Flare-Ups. 2018. www.rosacea.org/rosacea-review/2018/spring/survey-avoiding-dietary-triggers-may-reduce-rosacea-flare-ups. Stand 03.01.2021.

9 National Rosacea Society. Factors That May Trigger Rosacea Flare-Ups. www.rosacea.org/patients/rosacea-triggers/factors-that-may-trigger-rosacea-flare-ups. Stand 03.01.2021.

10 Wikipedia: Thermorezeption. https://de.wikipedia.org/wiki/Thermorezeption. Stand 03.01.2021.

11 Woo YR, Lim JH, Cho DH, et al. Rosacea. Molecular Mechanisms and Management of a Chronic Cutaneous Inflammatory Condition. Int. J. Mol. Sci. 2016; 17(9): 1562. doi: https://doi.org/10.3390/ijms17091562. Stand 03.01.2021.

12 Aubdool A, Brain S. Neurovascular Aspects of Skin Neurogenic Inflammation. Journal of Investigative Dermatology Symposium Proceedings. 2011; 15(1): 33–39. doi: https://doi.org/10.1038/jidsymp.2011.8. Stand 03.01.2021.

13 Reinholz M, Ruzicka T, Steinhoff M, et al. Pathogenese und Klinik der Rosazea als Schlüssel für eine symptomorientierte Therapie. Deutsche Dermatologische Gesellschaft. 2016; 14(6): 4–16. doi: https://doi.org/10.1111/ddg.13139_g. Stand 03.01.2021.

14 Chan Michael. Transient receptors potential (TRP) channels and neuroimmunology Mutation pathways of Rosacea. J Cell Sci Mut. 2018; 2(1): 5. doi: 10.35841/cell-science.2.1.39-42. Stand 03.01.2021.
15 Bundesinstitut für Risikobewertung. Zu scharf ist nicht gesund – Lebensmittel mit sehr hohen Capsaicingehalten können der Gesundheit schaden. 2011. www.bfr.bund.de/cm/343/zu-scharf-ist-nicht-gesund-lebensmittel-mit-sehr-hohen-capsaicingehalten-koennen-der-gesundheit-schaden.pdf. Stand 03.01.2021.
16 Dong Y, Yin Y, Vu S, et al. A distinct structural mechanism underlies TRPV1 activation by piperine. Biochem Biophys Res Commun. 2019; 516(2): 365–372. doi: https://doi.org/10.1016/j.bbrc.2019.06.039. Stand 03.01.2021.
17 Vriens J, Nilius B, Vennekens R. Herbal compounds and toxins modulating TRP channels. Curr Neuropharmacol. 2008; 6(1): 79–96. doi: 10.2174/157015908783769644. Stand 03.01.2021.
18 Tomaso E di, Beltramo M, Piomelli D. Brain cannabinoids in chocolate. Nature. 1996; 382(6593): 677–678. doi: 10.1038/382677a0. Stand 03.01.2021.
19 Buddenkotte J, Steinhoff M. Recent advances in understanding and managing rosacea. F1000Res. 2018;7:F1000 Faculty Rev-1885. doi: https://doi.org/10.12688/f1000research.16537.1. Stand 03.01.2021.
20 Deutscher Allergie- und Asthmabund. Histamin-Unverträglichkeit. www.daab.de/ernaehrung/nahrungsmittel-unvertraeglichkeit/histamin-unvertraeglichkeit. Stand 03.01.2021.
21 National Rosacea Society. Survey Lists Wine As Top Alcohol Trigger. 2004. www.rosacea.org/rosacea-review/2004/winter/survey-lists-wine-as-top-alcohol-trigger. Stand 03.01.2021.
22 Tsutsumi T, Kajiya H, Fukawa t, et al. The potential role of transient receptor potential type A1 as a mechanoreceptor in human periodontal ligament cells. Eur J Oral Sci. 2013; 121(6): 538–44. doi: https://doi.org/10.1111/eos.12083. Stand 03.01.2021.
23 Wikipedia. Allyl isothiocyanate. https://en.wikipedia.org/wiki/Allyl_isothiocyanate. Stand 03.01.2021.
24 Fothergill L, Callaghan B, Rivera L, et al. Effects of Food Components That Activate TRPA1 Receptors on Mucosal Ion Transport in the Mouse Intestine. Nutrients. 2016; 8(10): 623. doi: https://doi.org/10.3390/nu8100623 Stand 03.01.2021.
25 Bautista D, Movahed P, Hinman A, et al. Pungent products from garlic activate the sensory ion channel TRPA1. Proc Natl Acad Sci U S A. 2005; 102(34): 12248–12252. doi: https://doi.org/10.1073/pnas.0505356102. Stand 03.01.2021.
26 ebd. 24
27 Weiss E, Katta R. Diet and rosacea: the role of dietary change in the management of rosacea. Dermatol Pract Concept. 2017; 7(4): 31–37. doi: https://doi.org/10.5826/dpc.0704a08. Stand 03.01.2021.
28 Lemon C, Jordan E, Heldmann B. The TRPA1 Ion Channel Contributes to Sensory-Guided Avoidance of Menthol in Mice. eNeuro. 2019; 6(6):ENEU-

RO.0304-19.2019. doi: https://doi.org/10.1523/ENEURO.0304-19.2019. Stand 03.01.2021.
29 Leonelli M, Graciano MFR, Britto LRG. TRP channels, omega-3 fatty acids, and oxidative stress in neurodegeneration: from the cell membrane to intracellular cross-links. Braz J Med Biol Res. 2011; 44(11): 1088–96. doi: https://doi.org/10.1590/S0100-879X2011007500124. Stand 03.01.2021.
30 Verbraucherzentrale. Omega-3-Fettsäure-Kapseln sinnvolle Nahrungsergänzung? 2020. www.verbraucherzentrale.de/wissen/lebensmittel/nahrungsergaenzungsmittel/omega3fettsaeurekapseln-sinnvolle-nahrungsergaenzung-8585. Stand 03.01.2021.
31 ebd. 27
32 Krumm C. Ernährung: Welche Öle sind gesund? Apotheken Umschau. 2019. www.apotheken-umschau.de/Omega-3. Stand 03.01.2021.
33 Harvard Medical School. No need to avoid healthy omega-6 fats. 2009. www.health.harvard.edu/newsletter_article/no-need-to-avoid-healthy-omega-6-fats. Stand 03.01.2021.
34 Morales-Lázaro S, Llorente I, Sierra-Ramírez F, et al. Inhibition of TRPV1 channels by a naturally occurring omega-9 fatty acid reduces pain and itch. Nat Commun. 2016; 7(13092). doi: https://doi.org/10.1038/ncomms13092. Stand 03.01.2021.
35 Wikipedia. Ölsäure. https://de.wikipedia.org/wiki/%C3%96ls%C3%A4ure. Stand 03.01.2021.
36 Lugović-Mihić L, Seserko A, Duvančić T, et al. Intolerancija na histamin--koje su moguće posljedice na kozi? [Histamine intolerance--possible dermatologic sequences]. Acta Med Croatica. 2012; 66(5): 375–81. www.bib.irb.hr/634923. Stand 03.01.2021.
37 Căruntu C, Boda D, Musat S, et al. Stress-induced mast cell activation in glabrous and hairy skin. Mediators Inflamm. 2014; 105950. doi: https://doi.org/10.1155/2014/105950. Stand 03.01.2021.
38 Lagraauw HM, Wezel A, van der Velden D, et al. Stress-induced mast cell activation contributes to atherosclerotic plaque destabilization. Scientific Reports. 2019; 9(2134). www.nature.com/articles/s41598-019-38679-4. Stand 03.01.2021.
39 https://www.mastzellaktivierung.info/downloads/foodlist/11_FoodList_DE_alphabetisch_mitKat.pdf
40 Deutsche Gesellschaft für Ernährung e. V. Vitamin C. www.dge.de/wissenschaft/referenzwerte/vitamin-c/?L=0. Stand 03.01.2021.
41 Schweizerische Interessengemeinschaft Histamin-Intoleranz. Histaminpotential von Nahrungsmitteln. www.histaminintoleranz.ch/de/therapie_histaminpotential.html. Stand 03.01.2021.
42 Maintz L, Bieber T, Novac N. Die verschiedenen Gesichter der Histaminintoleranz. Konsequenzen für die Praxis. Dtsch Arztebl 2006; 103(51-52): A-3477/B-3027/C-2903. www.aerzteblatt.de/archiv/53958/Die-verschiedenen-Gesichter-der-Histaminintoleranz. Stand 03.01.2021.
43 Muto Y, Wang Z, Vanderberghe M, et al. Mast Cells Are Key Mediators of Cathelicidin-Initiated Skin Inflammation in Rosacea. J Invest Dermatol. 2014;

134(11): 2728–2736. doi: https://doi.org/10.1038/jid.2014.222. Stand 03.01.2021.
44 ebd. 43
45 Folkerts J, Stadhouders R, Redegeld F, et al. Effect of Dietary Fiber and Metabolites on Mast Cell Activation and Mast Cell-Associated Diseases. Front. Immunol. 2018. doi: https://doi.org/10.3389/fimmu.2018.01067. Stand 03.01.2021.
46 Egeberg A, Weinstock LB, Thyssen EP, et al. Rosacea and gastrointestinal disorders: a population-based cohort study. Br J Dermatol. 2017; 176(1): 100–106. doi: https://doi.org/10.1111/bjd.14930. Stand 03.01.2021.
47 Grinnel M, Lobl M, Higging S, et al. Probiotics in Acne and Rosacea: A Systematic Review. 2019. www.researchgate.net/publication/331097404_Title_Probiotics_in_Acne_and_Rosacea_A_Systematic_Review. Stand 03.01.2021.
48 Melnik B. Linking diet to acne Metabolits, inflammation, and comedogenesis: an update. Clin Cosmet Investig Dermatol. 2015; 2015(8): 371–388. doi: https://doi.org/10.2147/CCID.S69135. Stand 03.01.2021.
49 Yamasaki K, Kanada K, Macleod D, et al. TLR2 expression is increased in rosacea and stimulates enhanced serine protease production by keratinocytes. J Invest Dermatol. 2011; 131(3): 688–97. doi: https://doi.org/10.1038/jid.2010.351. Stand 03.01.2021.
50 Huang S, Rutkowsky J, Snodgrass R, et al. Saturated fatty acids activate TLR-mediated proinflammatory signaling pathways. J Lipid Res. 2012; 53(9): 2002–2013. doi: https://doi.org/10.1194/jlr.D029546. Stand 03.01.2021.
51 Matsubara Y, Matsumoto T, Koseki J, et al. Inhibition of Human Kallikrein 5 Protease by Triterpenoids from Natural Sources. Molecules. 2017; 22(11): 1829. doi: https://doi.org/10.3390/molecules22111829. Stand 03.01.2021.
52 Barcelos RCS, Vey LT, Segat HJ, et al. Cross-generational trans fat intake exacerbates UV radiation-induced damage in rat skin. Food and Chemical Toxicology. 2014; 69: 38–45. doi: https://doi.org/10.1016/j.fct.2014.03.031. Stand 03.01.2021.
53 Sener S, Akbas A, Kilinc F, et al. Thiol/disulfide homeostasis as a marker of oxidative stress in rosacea: a controlled spectrophotometric study. Cutan Ocul Toxicol. 2019; 38(1): 55–58. doi: https://doi.org/10.1080/15569527.2018.1517124. Stand 03.01.2021.
54 Del Rosso J. Advances in understanding and managing rosacea: part 1: connecting the dots between pathophysiological mechanisms and common clinical features of rosacea with emphasis on vascular changes and facial erythema. J Clin Aesthet Dermatol. 2012; 5(3): 16–25. PMCID: PMC3315879. Stand 03.01.2021.
55 Kim Y, Chen J, Wirth M, et al. Lower Dietary Inflammatory Index Scores Are Associated with Lower Glycemic Index Scores among College Students. Nutrients. 2018; 10(2): 182. doi: https://doi.org/10.3390/nu10020182. Stand 03.01.2021.
56 Akin Belli A, Ozbas Gok S, Akbaba G, et al. The relationship between

rosacea and insulin resistance and metabolic syndrome. Eur J Dermatol. 2016; 26(3): 260–4. https://pubmed.ncbi.nlm.nih.gov/27328660/. Stand 01.03.2021.

57 Tsai TY, Chiang YY, Huang YC. Cardiovascular Risk and Comorbidities in Patients with Rosacea: A Systematic Review and Meta-analysis. Acta Derm Venereol. 2020; 100(17): adv00300. https://pubmed.ncbi.nlm.nih.gov/33073295/. Stand 03.01.2021.

58 Deutsches Zentrum für Diabetesforschung. Ursachen des Diabetes. www.dzd-ev.de/diabetes/ursachen/index.html. Stand 03.01.2021.

59 Deutsche Apotheker Zeitung. Gamma-Linolensäure für eine starke Hautbarriere. DAZ. 2005; 34. www.deutsche-apotheker-zeitung.de/daz-az/2005/daz-34-2005/uid-14474. Stand 03.01.2021.

60 Zhou M, Xie H, Cheng L, et al. Clinical characteristics and epidermal barrier function of papulopustular rosacea: A comparison study with acne vulgaris. Pak J Med Sci. 2016; 32(6): 1344–1348. doi: https://doi.org/10.12669/pjms.326.11236. Stand 03.01.2021.

61 Heggar Venkataramana S, Puttaswamy N, Kodimule S. Potential benefits of oral administration of AMORPHOPHALLUS KONJAC glycosylceramides on skin health – a randomized clinical study. BMC Complement Med Ther. 2020; 20(26). doi: https://doi.org/10.1186/s12906-019-2721-3. Stand 03.01.2021.

62 Shimoda H, Terazawa S, Hitoe S, et al. Changes in ceramides and glucosylceramides in mouse skin and human epidermal equivalents by rice-derived glucosylceramide. J Med Food. 2012; 15(12): 1064–72. doi: https://doi.org/10.1089/jmf.2011.2137. Stand 03.01.2021.

63 Guillou S, Ghabri S, Jannot C, et al. The moisturizing effect of a wheat extract food supplement on women's skin: a randomized, double-blind placebo-controlled trial. Int J Cosmet Sci. 2011; 33(2): 138–43. doi: https://doi.org/10.1111/j.1468-2494.2010.00600.x. Stand 03.01.2021.

64 Saito M, Tanaka M, Misawa E, et al. Oral administration of Aloe vera gel powder prevents UVB-induced decrease in skin elasticity via suppression of overexpression of MMPs in hairless mice. Biosci Biotechnol Biochem. 2016; 80(7): 1416–24. doi: https://doi.org/10.1080/09168451.2016.1156480. Stand 03.01.2021.

65 Cho S, Lee S, Lee MJ, et al. Dietary Aloe Vera Supplementation Improves Facial Wrinkles and Elasticity and It Increases the Type I Procollagen Gene Expression in Human Skin in vivo. Ann Dermatol. 2009; 21(1): 6–11. doi: https://doi.org/10.5021/ad.2009.21.1.6. Stand 03.01.2021.

66 Capitanio B, Lora V, Ludovici M, et al. Modulation of sebum oxidation and interleukin-1α levels associates with clinical improvement of mild comedonal acne. J Eur Acad Dermatol Venereol. 2014; 28(12): 1792–7. doi: https://doi.org/10.1111/jdv.12431. Stand 03.01.2021.

67 Ley S, Sun Q, Willett W, et al. Associations between red meat intake and biomarkers of inflammation and glucose metabolism in women. Am J Clin Nutr. 2014; 99(2): 352–60. doi: https://doi.org/10.3945/ajcn.113.075663. Stand 03.01.2021.

68 Montonen J, Boeing H, Fritsche A, et al. Consumption of red meat and whole-grain bread in relation to biomarkers of obesity, inflammation, glucose metabolism and oxidative stress. Eur J Nutr. 2013; 52(1): 337–45. doi: 10.1007/s00394-012-0340-6. Stand 03.01.2021.
69 Ryding S. What Makes Red Meat Less Healthy and How Can We Fix It? www.news-medical.net/health/What-Makes-Red-Meat-Less-Healthy-and-How-Can-We-Fix-It.aspx. Stand 03.01.2021.
70 foodwatch. Welche Öle eignen sich zum Dünsten, Braten und Frittieren? 2018. www.foodwatch.org/de/frage-des-monats/2018/welche-oele-eignen-sich-zum-duensten-braten-und-frittieren. Stand 03.01.2021.
71 Koshak A, Yousif N, Fiebich B, et al. Comparative Immunomodulatory Activity of Nigella sativa L. Preparations on Proinflammatory Mediators: A Focus on Asthma. Front Pharmacol. 2018; 9:1075. doi: https://doi.org/10.3389/fphar.2018.01075. Stand 03.01.2021.
72 Li S, Chen M, Drucker A, et al. Association of Caffeine Intake and Caffeinated Coffee Consumption With Risk of Incident Rosacea In Women. JAMA Dermatol. 2018; 154(12): 1394–1400. doi: 10.1001/jamadermatol.2018.3301. Stand 03.01.2021.
73 Cao Y, Liu H, Qin N, et al. Impact of food additives on the composition and function of gut microbiota: A review. Trends in Food Science & Technology. 2020; 99: 295–310. doi: https://doi.org/10.1016/j.tifs.2020.03.006. Stand 03.01.2021.
74 Heib V, Steinbach F, Khan M, et al. Weizen Amylase/Trypsin-Inhibitoren verstärken IgE-abhängige Nahrungsmittelallergien. Z Gastroenterol. 2018; 56(08): e231. doi: 10.1055/s-0038-1668730. Stand 03.01.2021.
75 Weiss E, Katta R. Diet and rosacea: the role of dietary change in the management of rosacea. Dermatol Pract Concept. 2017; 7(4): 31–37. doi: https://doi.org/10.5826/dpc.0704a08. Stand 03.01.2021.
76 Li S, Cho E, Drucker A, et al. Obesity and risk for incident rosacea in US women. J Am Acad Dermatol. 2017; 77(6): 1083–1087.e5. doi: https://doi.org/10.1016/j.jaad.2017.08.032. Stand 03.02.2021.
77 Schweizerische Interessengemeinschaft Histamin-Intoleranz. Lebensmittel-Verträglichkeitsliste Histamin. www.mastzellaktivierung.info/downloads/foodlist/11_FoodList_DE_alphabetisch_mitKat.pdf. Stand 03.01.2021.

REZEPTREGISTER

FRÜHSTÜCK

HAUPTGERICHTE

SALATE UND SUPPEN

NUDELGERICHTE

REISGERICHTE

KARTOFFELGERICHTE

AUS DEM OFEN

SÜSSES UND SNACKS

Bibliografische Information der Deutschen Nationalbibliothek
Die Deutsche Nationalbibliothek verzeichnet diese Publikation in der deutschen Nationalbibliografie; detaillierte bibliografische Daten sind im Internet über http://dnb.ddb.de/ abrufbar.

ISBN 978-3-8426-3018-5 (Print)
ISBN 978-3-8426-3019-2 (PDF)
ISBN 978-3-8426-3020-8 (EPUB)

Abbildungen:
Titelmotiv: gettyimages / Rocky89
Franziska Ring: 5, 67, 69, 75, 77, 79, 81, 83, 87, 95, 97, 99, 107, 109, 111, 113, 115, 117, 119, 123, 127, 133, 135, 137, 139, 141, 151
stock.adobe.com: okkijan2010: 2/3, 71; VICUSCHKA: 8/9; mizina: 58/59, 147; fascinadora: 61; tunedin: 63; nblxer: 65; valentinamaslova: 73; sharafmaksumov: 89; Magdalena Bujak: 91; toyechkina: 93; Simone: 103; photosimysia: 105; A_Lein: 145; marilyn barbone: 149

3., aktualisierte Auflage

Die Ratgebermarke der Schlütersche Fachmedien GmbH
Hans-Böckler-Allee 7, 30173 Hannover
www.humboldt.de
www.schluetersche.de

Aus Gründen der besseren Lesbarkeit wurde in diesem Buch die männliche Form gewählt, nichtsdestoweniger beziehen sich Personenbezeichnungen gleichermaßen auf Angehörige des männlichen und weiblichen Geschlechts sowie auf Menschen, die sich keinem Geschlecht zugehörig fühlen.
Autorin und Verlag haben dieses Buch sorgfältig erstellt und geprüft. Für eventuelle Fehler kann dennoch keine Gewähr übernommen werden. Weder Autorin noch Verlag können für eventuelle Nachteile oder Schäden, die aus in diesem Buch vorgestellten Erfahrungen, Meinungen, Studien, Therapien, Medikamenten, Methoden und praktischen Hinweisen resultieren, eine Haftung übernehmen. Insgesamt bieten alle vorgestellten Inhalte und Anregungen keinen Ersatz für eine medizinische Beratung, Betreuung und Behandlung.
Etwaige geschützte Warennamen (Warenzeichen) werden nicht besonders kenntlich gemacht. Daraus kann nicht geschlossen werden, dass es sich um freie Warennamen handelt.

Lektorat: Meike Key, KeyTextwork
Layout: Groothuis, Lohfert, Consorten, Hamburg
Covergestaltung: Zero, München
Satz: Die Feder · Werbeagentur GmbH, Wetzlar
Druck und Bindung: Gutenberg Beuys Feindruckerei GmbH, Langenhagen

Gedruckt mit mineralölfrei hergestellten Druckfarben und Strom aus erneuerbaren Energien. Die eingesetzten Klebe- und Bindestoffe entsprechen den derzeitigen Umweltstandards, die vom RAL Institut für Gütesicherung und Kennzeichnung geprüft wurden. Die Druckplattenentwicklung erfolgte mit reduziertem Einsatz von Chemikalien.